COLECÇÃO «NOVA UNIVERSIDADE»
Linguística

HISTORIOGRAFIA DA LÍNGUA PORTUGUESA

Século XVI

MARIA LEONOR CARVALHÃO BUESCU

Livraria Sá da Costa Editora

LIVRARIA SÁ DA COSTA EDITORA
Augusto Sá da Costa, Lda.
Rua Garrett, 100-102
1294 LISBOA Codex
Telex: 15574 SACOST P

© Augusto Sá da Costa, Lda.
1.ª edição, 1984
Capa de *Hernâni Lopes*
Na capa: Da *Introdvcam pera aprender a ler*
         (*in* João de Barros, «Gramática da Língua Portuguesa,
         com os mandamentos da Santa Madre Igreja», Lisboa,
         1359-1540).

ÍNDICE

Second arbe grammatical.
(*Grâmatica Pastrane*, Valentim Fernandes, 1497)

A Gramática quinhentista:
quatro estratégias

Introdução à GRAMÁTICA DA LINGUAGEM PORTUGUESA
(1536)

Imprensa Nacional - Casa da Moeda, 1974

FERNÃO DE OLIVEIRA

1.   A constituição da gramática visa dois objectivos imbricados e difícilmente destrinçáveis no seu início: a elucidação teórica do problema da origem, natureza e essência da língua e o estabelecimento de uma norma. Esses dois objectivos concretizam-se na construção de dois tipos, segundo duas perspectivas: uma gramática «especulativa» (*grammatica speculativa*) e uma gramática «preceitiva», isto é, normativa e pragmática.

A primeira fora, efectivamente, criação do espírito abstractizante dos Gregos. A gramática grega, não sendo ainda uma ciência histórica no verdadeiro sentido da palavra, é já, contudo, verdadeiramente, uma gramática «científica» e vai sobreviver, embora decadente, em Roma e em Bizâncio, conservando-se através de uma Idade Média monacal e eclesiástica, ao fazer parte, com a lógica e a retórica, do *trivium* medieval.

2.   Na primeira meditação sobre a natureza da linguagem, o problema essencial consistia na tentativa de se definirem as relações entre a *realidade* e o *nome*. Problema mais dificilmente resolúvel em termos lógicos, o da origem da linguagem: dádiva da Natureza ou criação convencional do homem? Tais problemas de fisionomia filosófica, abordados pelos filósofos sofistas, são retomados por Platão em *Crátilo,* mas é à reflexão de Aristóteles que deve atribuir-se a verdadeira criação da ciência gramatical. É ele que declara que as palavras são *símbolos* ou *sinais* e não imagens exactas da realidade. São, pois, «imitações», no sentido aristotélico de *mimesis*. Distingue as partes do discurso e as

categorias gramaticais como categorias lógicas. Antecipações indubitavelmente brilhantes, são sistematizadas e reduzidas a esquemas regulares
pelos Alexandrinos, ávidos de precisão e de rigor. Dionísio da Trácia
(séculos II-I a. C.) tornou-se o modelo gramatical durante séculos, domi-
nando toda a Idade Média. Além de Dionísio da Trácia, Asclepíades
de Mirleia e Filóxeno são obreiros da ciência helenística da gramática
que, pela etimologia e pela doutrina das parte do discurso, se vinculam
à teoria dos sofistas e visam a exegese dos poetas antigos. Essa tradição
helenística dá, pois, origem a um conjunto de cópias de textos antigos
de leitura bastante rigorosa e apurada.

3.   Em Roma, no tempo dos Gracos, o exemplo grego suscitara
um estudo gramatical ocasional e fragmentário, o qual Varrão procurou
reduzir a um esquematismo pragmático. A Gramática, porém, como disciplina especial, devia surgir na primeira época imperial, quando gramáticos gregos, como Dionísio e Valério Probo, vêm para Roma.
O ensino da Retórica, estreitamente vinculado ao da Gramática, é finalmente recolhido no grande *corpus* constituído pela obra de Quintiliano.
As obras de Élio Donato, Sérvio e Prisciano são o repositório mais
completo da erudição antiga.

4.   Estamos no limiar da Idade Média. A divisão do Império Romano — oriental e ocidental — arrasta uma fragmentação cultural onde
só a Igreja mantém uma civilização unitária que abrange os estados
germânicos, o reino franco e os estados ibéricos. Os mosteiros tornam-se nessa altura os centros culturais onde se salvaram as ruínas da
conquista árabe da Espanha.

Ora, a Igreja escolhera para seu uso a língua latina literária, e é
assim que a Gramática, sempre a par com a Retórica, se conservou no
âmbito da escola cristã e, com ela, um resto da cultura enciclopédica
antiga nas sete artes liberais que constituíam o *trivium* e o *quadrivium*.
Contudo, mais do que *uma* das artes liberais, a Gramática torna-se,
durante a Idade Média monástica, a *arte* por excelência, aquela cuja
importância sobreleva as demais, a tal ponto que alguns letrados consideram excessivo o relevo que lhe era dado pelos mestres.

Sempre associada à Retórica, como arte de bem falar e bem escrever, a Gramática visava primordialmente o ensino das principais regras do latim, depois do que o aluno era levado a interpretar poetas e historiadores: Virgílio, Estácio, Terêncio, Horácio, Ovídio. Este esquema didáctico permanecerá rigidamente muito além da Idade Média e prolongar-se-á pelo Renascimento. É, pois, evidente que a designação de uma disciplina especial dentro do *trivium* chamada «Gramática» se tornou, por antonomásia, sinónimo de *Gramática Latina*. Essa hegemonia total da cultura latina, e uma também quase total negligência pela cultura grega, manifesta-se duplamente, ao nível da língua estudada e ao nível dos textos e autores utilizados. A tal ponto, que podemos dizer que em certa altura, por volta do século x, o humanismo pagão põe em risco a cultura cristã. Séneca, Catão, Aviano, são os livros escolares utilizados desde a época romana e só paulatinamente vão sendo substituídos por textos cristãos. E não total ou definitivamente: quando o processo de substituição poderia estar concluído, surgirá o Renascimento e, com ele, uma revalorização dos textos antigos.

Em suma: podemos dizer que a Gramática, prelúdio da iniciação literária, é o verdadeiro fundamento da erudição medieval: *Istae* [...] *praeforibus quasi nutricem ceterarum anteponunt grammaticam* [1]. *Fundatum pulcherrimum litterarum mater gloriosa facundiae quae cogitare novit ad laudem, loqui sine vitio* [2].

Durante a Idade Média, e concentrando a atenção no âmbito geográfico da Península Ibérica, encontramos escolas episcopais e monásticas em que o ensino da Gramática tem larga primazia. No concílio de Toledo, em 527, constituíra-se uma legislação que fundava internatos no seio da *domus ecclesiae*. Aí se formaram os espíritos mais cultos da Espanha cristã: Frutuoso e Martinho, bispos de Braga, e Leandro, irmão de Martinho, formados, sem dúvida, ao abrigo de leituras profanas, mas, em compensação, amplamente industriados no estudo da Gramática e da Retórica. Isidoro de Sevilha preconiza, a propósito: *Meliores esse grammaticos quam haereticos. Haeretici enim haustum*

---

[1] ENÓDIO, *Op.* VI, MGH, AA, VII, pp. 313-318.
[2] CASSIODORO, *Var.*, IX, 21, MGH, AA, XII, p. 286.

lethiferi succi hominibus persuadendo propinant, grammaticorum autem doctrina potest etiam proficere, ad vitam, dum fuerit in meliores usu assumpta [3].

Contudo, ao verificar-se a continuidade de uma tradição gramatical de origem greco-latina, «congelada» pelo ensino monacal da Idade Média, e que virá desembocar, enriquecida, no Renascimento, poderá perguntar-se que outros factores culturais deverão ter influído nesse enriquecimento subterrâneo e oculto. Qual a medida da influência árabe e, principalmente, judaica na criação de uma ciência gramatical moderna? Tal sector de averiguação ultrapassa, no entanto, os limites desta introdução, pelo que a solução é remetida.

5.   Ora, é a tradição gramatical, conservada ao longo de uma Idade Média insuspeitadamente erudita, que passa ao Renascimento ligada ao conceito tipicamente renascentista da exaltação dos valores modernos.

Os gramáticos do Renascimento serão, antes de mais nada, verdadeiros elos de ligação entre o legado grego e a ciência linguística moderna, garantindo a continuidade e utilizando as inovações decorrentes de um novo contexto, perante o qual estavam atentos, numa típica atitude presencialista.

6.   Mais precocemente em Itália que nas restantes zonas do espaço românico, embora vinculadas ainda ao pensamento medieval, surgem as primeiras reflexões sobre a língua vulgar com a obra de Dante *De Vulgari Eloquentia*, reflexões, aliás, retomadas episodicamente no *Convívio*, na *Divina Comédia* e na *Vida Nova*. Apresenta uma tentativa de classificação das línguas, que divide em três ramos: grego, germânico-eslavo e romance, este subdividido em francês, *langue d'oc* e italiano. Alude também ao mito da Torre de Babel como explicação da diversificação linguística, o qual raramente deixará de ser retomado pelos gramáticos dos períodos renascentista e barroco.

---

[3] ISIDORO DE SEVILHA, *Sent.*, III, 13, PL, LXXXIII, 688-a.

Ora, tais reflexões, pela primeira vez referidas a uma língua romance, apresentam uma enorme importância, na medida em que colocam as línguas vulgares a um nível até então reservado ao latim. Efectivamente, na Idade Média estas eram consideradas apenas como instrumento de evangelização da massa iletrada, e não como objecto de reflexão e de estudo. Verifica-se, pois, que, a partir de uma tradição gramatical ligada à tradição latino-humanística da Idade Média, os homens do Renascimento construirão um esquema gramatical que vão aplicar às línguas modernas, como primeiro estádio da nobilitação destas.

7. Durante o século quatrocentista assiste-se, pois, a um progressivo movimento de imposição do uso do vulgar em concorrência com o latim. Generalizam-se as traduções, sobretudo de Cícero, Tito Lívio e Virgílio, o que prova que nem só os que sabiam latim eram considerados dignos de acesso a esses textos prestigiosos. É então, na primeira metade do século XVI, que eclode a «questão da língua», resultado de uma incerteza sobre a norma linguística e da carência de padrões literários que garantissem o seu prestígio. Fazendo-se sentir a necessidade de submeter a língua vulgar a normas precisas, proliferam em Itália obras em que, no seu conjunto, é já possível distinguir as partes da futura Gramática: Fonética, Morfologia, Sintaxe, Ortografia. A partir da segunda metade do século verifica-se uma tendência crescente para, desprendendo-se da terminologia tradicional, originária da cultura greco--latina e transmitida pela cultura cristã medieval, se introduzirem inovações na terminologia gramatical, tendentes a elucidar ou tornar transparentes os respectivos conceitos ou noções. Notemos que neste aspecto os dois primeiros gramáticos portugueses, Fernão de Oliveira e João de Barros, se mostraram particularmente inclinados para essas inovações, adaptando a terminologia às realidades da língua portuguesa. Tais inovações dizem principalmente respeito, quanto à morfologia, à flexão verbal; quanto à fonética, à definição das vogais segundo o seu timbre, fechamento e abertura e ainda dos ditongos — donde decorrem, naturalmente, as tentativas parcialmente frustradas para reformar, unificando-a, uma ortografia oscilante e imprópria para corresponder à fisionomia fonológica da língua.

8. Nesta segunda metade do século XVI, em Itália, Espanha, França e Portugal verifica-se, pois, uma proliferação enorme de obras gramaticais e de apologia linguística, cujo inventário seria longo.

A gramática estava criada, no momento em que a maturidade das línguas modernas coincidia, paradoxalmente, com o incremento do uso do latim pelos eruditos do Renascimento. Isso explica, pois, que a maior parte dos gramáticos do Renascimento haja subordinado o esquema das suas obras aos esquemas da gramática latina.

Fernão de Oliveira, como se verá, foge a esse esquema.

9. A biografia de Fernão de Oliveira — o que nem sempre sucede relativamente às personagens literárias ou científicas do século XVI — pôde ser reconstituída quase integralmente, graças à documentação existente. Essa documentação, constituída por processos inquisitoriais, cartas, alistamentos, informações coevas sobre essa desconcertante figura de aventureiro e de letrado, encontra-se compilada na biografia levantada por Henrique Lopes de Mendonça[4]. Não obstante, há lacunas e espaços duvidosos — coisa inevitável numa vida tão acidentada, cheia de imprevistos, aventuras e desditas.

Fernão de Oliveira foi filho do juiz de órfãos de Pedrógão, Heitor de Oliveira, e nasceu provavelmente em Aveiro, em 1507. Morreu cerca de 1580 ou 1581. Foi, contudo, na Beira que decorreu a sua infância, conforme ele próprio testemunha no capítulo XLVII da *Gramática:* «Contudo, sendo eu moço pequeno, fui criado em S. Domingos de Évora, onde faziam zombaria de mim os da terra, porque o eu assim pronunciava, segundo que o aprendera na Beira.»

De qualquer modo, aos treze anos de idade entrou como noviço no Convento dos Dominicanos em Évora — os quais seriam mais tarde seus implacáveis perseguidores. Aí, foi discípulo de André de Resende, que muitos anos depois viria também testemunhar contra o frade desfradado e talvez herege.

---

[4] HENRIQUE LOPES DE MENDONÇA, *O Padre Fernão de Oliveira e a Sua Obra Náutica — Memoria comprehendendo um estudo biographico sobre o afamado grammatico e nautographo e a primeira reprodução typographica do seu tratado inedito «Livro da Fabrica das Naos»*, Lisboa, Academia das Ciências, 1898.

É, contudo, só em 1532, já homem, que abandona o convento e se refugia em Espanha. Terá sido durante essa estada nesse país que deu início à redacção da sua *Gramática*? Galindo [5] faz essa dedução, embora o argumento apresentado não seja suficientemente probante: «Oliveira cita Nebrija a propósito das letras latinas. O modo de falar de Oliveira em tal passo e também quando alude aos que não se lembram de sua terra a que muito devem faz pensar que Oliveira escreveu a sua obra achando-se em Espanha e talvez em Toledo.» Interpretando, porém, outro passo da obra de Fernão de Oliveira, parece, pelo contrário, que a *Gramática* foi redigida em Lisboa, onde viria a ser publicada, em Janeiro de 1536: «Ainda, porém, que *nesta cidade* houve ou cuido que haja e viva uma mulher que se chamava Catároz.» (Capítulo XLIV.) Aqui, o autor exemplifica uma excepção da língua portuguesa, donde se torna evidente que *esta cidade* é em Portugal.

10.   Secularizado por Paulo III, o egresso da Ordem dos Pregadores dedica-se então a leccionar jovens fidalgos, *filhos e filhas de alguns senhores principais desta terra*, entre os quais D. Antão de Almada (filho de D. Fernando de Almada, por sugestão do qual publicará a *Gramática*), os filhos do barão do Alvito e os de João de Barros. Nesta época parece ter gozado de uma certa estabilidade, a qual nunca mais reencontraria.

Por volta de 1540 ou 1541 parte para Itália, talvez em serviço secreto de D. João III, na complicada questão que este rei manteve com a Santa Sé, a propósito dos cristãos-novos [6]. Talvez em virtude do carácter secreto desses serviços o seu nome não apareça mencionado na documentação relativa a esse assunto.

Regressa a Portugal em 1543, acompanhando o núncio Lippomani e, em Lisboa, abandonado pelos amigos, criando inimizades e conflitos, pelo seu temperamento irrequieto e arrebatado, mal visto pelos dominicanos, omnipotentes no Santo Ofício, atravessa dois anos de penúria.

---

[5] *Gramática de la lengua castellana de António de Nebrija*, p. 25 n.
[6] Veja-se, a este respeito, J. LÚCIO DE AZEVEDO, *História dos Cristãos-Novos Portugueses*, Lisboa, 1975.

11. Em 1545, com o nome de capitão Martinho, alista-se a bordo de uma nau francesa, sob o comando de Saint-Blancard, na frota de Antoine Escalin, barão de La Garde. Vem, porém, ter a Londres, e frequenta a corte de Henrique VIII. A dissidência do rei inglês em relação a Roma parece quadrar-se com as opiniões pessoais de Fernão de Oliveira, que então denuncia certos aspectos do ritual e do conceituário católico. Morto Henrique VIII, volta a Portugal, e, talvez duvidoso do acolhimento que o esperava, faz-se acompanhar, em 1547, de uma carta credencial para D. João III, passada pelo jovem rei Eduardo. Não obstante, logo nesse ano é denunciado e preso pela Inquisição (Ordem de S. Domingos). Tendências religiosas consideradas heréticas? Apologia audaciosa da atitude dissidente de Henrique VIII? Ressentimento dos dominicanos? O certo é que Fernão de Oliveira é preso por tempo indeterminado, cumpre a pena durante três anos, findos os quais, por motivos de saúde, é transferido para o Mosteiro de Belém, em reclusão. Um ano depois é-lhe concedida liberdade condicionada.

Em 1552, parte para o Norte de África, na qualidade de capelão, e, feito prisioneiro, vem a Lisboa para negociar o resgate e fica em Portugal.

12. As suas desventuras, porém, prosseguiriam: em 1554 é denunciado como cismático por um falso amigo. Consegue, no entanto, durante uns meses ser nomeado revisor na Universidade de Coimbra, onde ensina Retórica. Volta ao cárcere, de 1555 a 1557. O seu rasto torna-se agora mais incerto e duvidoso. Em 1565 sabe-se que «lia casos de consciência» na escola dos espatários em Palmela e recebia uma tença de D. Sebastião.

13. Num artigo publicado no jornal O Século, de 4 de Março de 1929, Rodrigo de Sá Nogueira chamava a atenção para o facto de que a Gramática de Fernão de Oliveira, publicada em 1536, era considerada a primeira gramática portuguesa, embora quatro anos depois João de Barros afirmasse ser ele o primeiro a pôr a nossa linguagem em arte [7].

---

[7] Gram., p. 82.

As relações de amizade e convívio entre os dois humanistas — Fernão de Oliveira fora mestre dos filhos de João de Barros — excluem a possibilidade de desconhecimento, por um lado, e, por outro, de má fé por parte de João de Barros, cuja rectidão é bem conhecida por actos e documentos.

Ora, o problema parece solucionar-se muito simplesmente, se tivermos em conta o facto de que o próprio Fernão de Oliveira chama à sua obra *uma primeira anotação* [8] da língua portuguesa, reconhecendo--lhe implicitamente a ausência de uma feição estritamente sistemática e planificada. É essa, até certo ponto, a reflexão de Estanco Louro [9], embora, por seu lado, Cortês Pinto [10] declare que, se a *Gramática* de Oliveira foi publicada primeiro, a de Barros foi escrita primeiro. Ora, a *Cartinha* de João de Barros, cujo título é *Gramática* e com ela forma um *corpus* unitário, foi impressa com vista a uma circunstância histórica bem determinada pelo alvará de D. João III. Logo, é fácil supor que a *Cartinha,* precedendo a *Gramática,* não podia ter sido escrita quatro anos antes.

O que acontece é que a obra de Oliveira, notável a vários títulos quanto à originalidade e clara antevisão de muitos problemas linguísticos, nomeadamente pela aguda precepção manifestada na descrição dos sons, não pode, de modo algum, considerar-se uma *arte,* no sentido em que Barros a entende, isto é, um compêndio gramatical sistemático e segundo o esquema tradicional transmitido pelos gramáticos latinos.

14. A obra de Oliveira é, efectivamente, um conjunto de curiosas e judiciosas reflexões, de tipo ensaístico; em suma, uma miscelânea linguística e cultural.

Inicia-se por uma parte preambular (ausente da gramática tipicamente *escolar* do seu sucessor), em que define a linguagem [«A linguagem é figura do entendimento» [11]] e expende considerações, apoiado na autoridade dos filósofos antigos, sobre a formação das línguas. Se-

---

[8] FERNÃO DE OLIVEIRA, *Gram.²*, p. 108.
[9] *Gramáticos Portugueses do Século XVI*, separata da revista *Labor*, s/d.
[10] «A *Gramática* e a *Cartilha* de João de Barros», in *Liceus de Portugal*, 1945.
[11] Cf. capítulo I.

guem-se algumas páginas sobre «o modo de falar dos Portugueses» e a formação do reino. Só depois de se referir à origem dos nomes de *Lisboa, Lusitânia, Portugal,* de fazer um breve resumo da história dos primeiros reinados, de tomar como exemplo a perdurabilidade da glória romana, devido à imposição da língua aos vencidos, se propõe definir *gramática.* Refere-se em seguida ao papel de D. Dinis e D. João III no desenvolvimento da instrução e segue um pormenorizado estudo da pronúncia, articulação e grafia dos sons portugueses, a parte talvez mais original da sua obra.

Mesmo aí não exclui digressões de tipo histórico-cultural, as quais vêm, naturalmente, interromper a sistematização da matéria. À extensa parte dedicada à descrição fonética segue-se um breve estudo da morfologia, ou melhor, de alguns problemas morfológicos, sem sequência ou planificação: derivação e composição, flexão dos nomes, alguns pronomes, plural dos nomes terminados em *ão* e em *consoante,* conjugação dos verbos. Termina com uma página dedicada à *construção* (sintaxe).

Por outro lado, um dos aspectos curiosos da obra de Oliveira consiste na adopção de uma nomenclatura original, muito expressiva e notavelmente inovadora *(palavras apartadas* e *juntas, mudadas, primeiras, tiradas),* a qual, aliás, não virá a ser utilizada pelos gramáticos posteriores.

Notemos, finalmente, que o apêndice «obrigatório» num compêndio de gramática, desde os Latinos, que impuseram uma tradição mantida e reforçada pelo *trivium* medieval — a Retórica —, está ausente da obra de Oliveira, enquanto é uma parte importante na obra de João de Barros e da maior parte dos gramáticos do Renascimento, nomeadamente na do modelo peninsular, António de Nebrija.

Ao percorrermos a súmula dos assuntos tratados na obra de Oliveira, confirmando o carácter ocasional e assistemático da sua constituição, deparam-se-nos duplicações nos seguintes casos:

No uso do *til,* do *m* e do *n* (cinco lugares);
Na ausência de aspiradas em português (dois lugares);
Na grafia dos vocábulos estrangeiros (dois lugares);

Nas vogais *i* e *u* (três lugares);
Nas questões etimológicas (dois lugares);
Na derivação (dois lugares).

Ao longo da sua obra e confirmando opiniões próprias, cita abundantemente, entre outros, Varrão, Cícero, Quintiliano, Diógenes Laércio, Aulo Gélio; menciona também Garcia de Resende e o *Cancioneiro*, João de Barros, Baltasar, Gil Vicente, Jorge da Silveira e Nuno Pereira.

Não obstante a riqueza informativa da sua obra, parece fora de dúvida que Fernão de Oliveira, construindo um trabalho certamente original, se manteve de algum modo alheio à problemática gramatical no Renascimento, pelo menos a um sector determinado e importantíssimo dessa problemática, a qual incidia principalmente nos seguintes pontos: as partes da Gramática; as partes do discurso; a aplicação dos esquemas formais da gramática latina às línguas modernas. Dessa problemática, Oliveira retém apenas um ponto: a *Ortografia*. E quanto a esse é certo que quis e soube fazer doutrina.

Ao tentarem reduzir as línguas modernas aos esquemas gramaticais de herança clássica, aos gramáticos do Renascimento depararam-se dificuldades resultantes das diferenças que lentamente iam detectando entre o sistema fonológico latino e o sistema fonológico de cada uma das línguas românicas. Para estas era, pois, necessário encontrar novos símbolos e representações gráficas que correspondessem e pudessem representar o novo sistema.

Sucede, pois, que a doutrina de Quintiliano, Escauro, Vélio Longo, Varrão, Prisciano, Donato, Diomedes, se dificilmente poderia ser abandonada e jamais ignorada, foi submetida a uma prudente e simultaneamente audaciosa revisão. Revisão que conduziu a adaptações e também a inovações.

No que diz respeito aos gramáticos portugueses do Renascimento — Fernão de Oliveira e João de Barros —, a influência dos Italianos, pioneiros da gramática moderna nascente, parece indiscutível. E, contudo, nem no primeiro nem no segundo essa influência se manifestou ditatorialmente.

15. Quanto a Fernão de Oliveira, a sua obra, singularmente original, apresenta, como já vimos, uma indisciplina de plano, uma ocasionalidade de reflexões, que lhe retiram a feição de uma gramática no sentido exacto do termo. Talvez por essa mesma feição, liberta de esquemas sistemáticos, a sua doutrina ortográfica se encontre inserida na «definição das letras», a qual formava, na planificação gramatical tradicional, um capítulo à parte.

Nesses capítulos (do capítulo IX ao capítulo XVII), o autor passa em revista todos os sons — cuja noção se confunde com a de letra —, definindo o seu *espírito, força* e *figura*. No capítulo XII notamos uma tentativa para fazer corresponder o valor fonético de cada letra à palavra que o define: *l=lambe; f=fecha; m=muge; z=zine*, etc. Artifício lúdico de fins pedagógicos? Indicação de uma doutrina subjacente, acerca da *motivação* da forma gráfica de cada sinal, a qual, remontando, conduziria à tese da origem ideográfica da escrita?

16. A três questões fundamentais parece poder reduzir-se o problema ortográfico para o caso do português:

a) Perda da noção de quantidade vocálica, substituída pela perda de qualidade e, em consequência, necessidade de representar graficamente os graus de abertura vocálica.

b) Abolição de *k* e tentativa de abolição de *qu,* substituídos por *c.*

c) Distinção de *i* e de *u,* semivogais e consoantes; persistência da utilização de *y.*

Os Italianos haviam enfileirado no que pode considerar-se o partido inovador, tendendo para aproximar a grafia o mais possível da fonética da língua (ortografia fonética); os Franceses, com algumas excepções, e também Nebrija, embora não de forma decisiva, inclinam-se mais para a grafia etimológica, como sinal de latinidade.

Tolomei (autor de *Versi e regole della nuova poesia toscana*, Roma, 1539), insistindo, embora, numa reforma, hesita em aceitar os novos signos para a notação das vogais abertas e fechadas propostas na gramática toscana anónima de 1494. Trissino, por seu lado, em 1524, adopta os caracteres gregos ε e ω para a anotação das vogais abertas (respectivamente e e o), considerando que os acentos não se prestam para diferenciar a abertura e o fechamento vocálicos. Tolomei, por seu turno, preferia o emprego das maiúsculas para a representação das vogais abertas. Essa preferência, de resto, embora não adoptada por Fernão de Oliveira, parece reflectir-se na designação de grande e pequeno, respectivamente para a vogal aberta e fechada.

Parenteticamente, aliás, note-se que, enquanto entre os Italianos se estabelece uma controvérsia, retomada, como se verá, pelos gramáticos portugueses, a diferenciação entre e aberto e e fechado nunca foi referida pelos Franceses (à excepção de Meigret e de Peletier). Nebrija tão-pouco se lhe refere, devido às características prosódicas da língua castelhana.

De modo geral, pois, entre os gramáticos do século encontramos as seguintes soluções:

	E		O	
	Aberto	Fechado	Aberto	Fechado
Trissino	ε	e	o	ω
Salviati	e	ε	ω	o
Tolomei	E	e	O	o
Giglio	E	e	O	o
Varchi	e	E	o	O
Peletier	e̜	e	—	—

Daqui se torna visível que os gramáticos italianos e franceses consideraram, de acordo com o sistema fonológico das línguas respectivas, o problema da abertura e fechamento apenas para o caso de e e de o. É, por conseguinte, de notar que Fernão de Oliveira e João de Barros (ao contrário do etimologista, em busca das origens, Duarte Nunes do Leão, em 1606) se refiram ao caso de a aberto e fechado.

Ora, enquanto João de Barros, na sua *Gramática*, publicada em 1540, parece acusar uma influência italiana, ao propor as designações de *grande* e de *pequeno* (respectivamente *aberto* e *fechado*) e uma influência francesa, aproximando-se da solução de Peletier (que publica o seu *Dialogue de l'ortografe* em 1515), Fernão de Oliveira, pelo contrário, mantém-se mais próximo da doutrina italiana.

Verificamos, efectivamente, uma conformidade entre a designação de *grande* e *pequeno* e uma disparidade entre a representação gráfica preconizada por cada um dos ortografistas. A designação corresponde à posição mais generalizada entre os Italianos, enquanto a representação gráfica aproxima Fernão de Oliveira da posição de Salviati para o caso de *o* e de Trissino para o de *e*.

Vejamos comparativamente a posição dos dois gramáticos portugueses:

	a				e				o			
	Aberto		Fechado		Aberto		Fechado		Aberto		Fechado	
	Design.	Repres.	Design.	Repres.	Design.	Repres.	Design.	Repres.	Design.	Repres.	Design.	Repres.
Fernão de Oliveira	grande	a	pequeno	α	grande	ε	pequeno	e	grande	ω	pequeno	o
João de Barros	grande	á	pequeno	â	grande	e̦	pequeno	e	grande	ó	pequeno	ô

17. Quanto ao problema da oclusiva gutural surda *k, c,* ou *qu,* ele é já uma herança dos gramáticos latinos, que se haviam referido, com frequência, à necessidade ou à possibilidade da abolição do diagrama *qu.* Essa controvérsia passou, pois, também, para os gramáticos renascentistas. Quanto ao uso de *k,* facilmente todos os gramáticos concordam: ele não existe. Quanto a *qu,* já Varrão, Quintiliano (principalmente, mestre por excelência), Prisciano e Isidoro haviam assumido uma posição semelhante entre si, a qual, por sua vez, se reflecte na obra do castelhano Nebrija. De facto, na obra *Reglas de Orthographia en la lengua castellana* (1517), esse gramático afirmara que *k* e *qu* não

têm utilidade na língua castelhana. Pelo contrário — e daqui se depreende a flutuação das diferentes posições —, Alejo Vanegas preconizara o uso tradicional do diagrama *qu*.

De entre os Italianos, Tolomei fora o primeiro a pôr o problema em termos semelhantes aos que vão ser retomados pelos gramáticos portugueses: a supressão de *qu* e de *k*, e, em consequência, a atribuição do seu valor a *c*. Neste ponto, a doutrina de Fernão de Oliveira (capítulo XIII), invocando a autoridade de Diomedes e de Quintiliano, é bem menos clara e explícita do que a de João de Barros.

Efectivamente, a substituição de *k* e *qu* por *c* em todas as posições arrastaria necessariamente a grafia de *ç* em todas as posições em que tivesse valor de fricativa (ou africada): *ça, çe, çi, ço* e *çu*. Essa será, claramente, a solução barrosiana, ambígua ainda ou indecisa na obra de Oliveira.

18.   Relativamente ao terceiro problema ortográfico — distinção de *i* e *u* semivogais ou consoantes (*j* e *v*) e conservação do emprego de *y* —, já em 1465 Alberti insistira na necessidade de distinguir *u* consoante e *u* vogal; Fortunio propõe a distinção entre *i* e *j* e Nebrija atribui valores vocálicos e consonânticos, respectivamente, a *u, i* e *v, j*.

Contudo, em posição intervocálica, o gramático castelhano reconhecera a utilidade do emprego de *y*. Ora, enquanto a opinião de João de Barros é, relativamente a esta questão, ambígua e flutuante [12], Fernão de Oliveira toma uma posição perfeitamente definida e lúcida, tendo em conta, com singular acuidade, o valor da semivogal, como segundo elemento de um ditongo:

> *Esta letra y [...], da qual alguns poderão dizer que não é nossa; mas eu lhe darei ofício na escritura das nossas dicções próprias, e é este: que as mais das vezes, quando vem uma vogal logo trás outra, nós pronunciamos entre elas uma letra como em* meio, seio, moio, joio *e outras muitas. A qual letra a mim me parece ser* y *não* i *vogal, porque ela não faz sílaba per si [...]* [13].

---

[12] «*y* serve no meio das dições às vezes [...]. *i* serve no fim das dições sempre.»
[13] Cf. capítulo XIV.

19. Verifica-se, pois, que, próximos no tempo, os dois primeiros gramáticos portugueses assumiram, curiosamente, uma posição doutrinária diferente em relação aos problemas ortográficos da língua portuguesa. E não só. Ao citar João de Barros três vezes ao longo de todo o texto, Fernão de Oliveira refere-se-lhe com singular apreço, embora não aderindo totalmente às suas opiniões. O convívio humanístico entre os espíritos cultivados da época ressalta notavelmente do texto de Fernão de Oliveira (capítulo XLVII). E é através desse colóquio cultural que se forja e se estabiliza gramaticalmente a língua portuguesa. A *Gramática* de Fernão de Oliveira é um testemunho desse momento da história cultural portuguesa.

OBRAS DE FERNÃO DE OLIVEIRA

Arte da Guerra e do Mar, Coimbra, 1554 (em casa de João Álvares).

Livro da Fábrica das Naus (manuscrito só publicado em 1898 por Henrique Lopes de Mendonça).

Arte da Navegação (obra em latim e perdida).

História de Portugal (fragmentos existentes na Biblioteca Nacional de Paris).

Gramática da Língua Portuguesa, Lisboa, 1536 (em casa de Germão Galharde); 2.ª ed., 1871 (Visconde de Azevedo e Tito de Noronha); 3.ª ed., 1933 (R. de Sá Nogueira e A. Ferreira Henriques).

BIBLIOGRAFIA

ALONSO, Amado — «Examen de las notícias de Nebrija sobre la antigua pronunciación española», in *Nueva Rev. de Filologia Hispánica*, México, III, 1949.

ASENSIO, Eugenio — *Prólogo da Comédia Eufrosina de Jorge Ferreira de Vasconcellos*, t. I, Madrid, 1951.

ASENSIO, Eugénio — «La Lengua compañera del Império», in *Rev. Filol. Esp.*, XLIII, 1960.

BARROS, João de — *Cartinha com os preceitos e mandamentos da Santa Madre Igreja*, 1.ª ed., Lisboa, Luís Rodrigues, 1539; 2.ª ed., in *Compilaçam ...*, Lisboa, 1785; 3.ª ed., Lisboa, Faculdade de Letras, 1971. *Gramática da Língua Portuguesa, seguida de Diálogo em louvor da nossa linguagem*, 1.ª ed., Lisboa, Luís Rodrigues, 1540; 2.ª ed., in *Compilaçam ...*, Lisboa, 1785; 3.ª ed. (só a *Gramática*), de José Pedro Machado, Lisboa, 1957; 4.ª ed., Lisboa, Faculdade de Letras, 1971. Ed. de L. Pereira da Silva (só o *Diálogo*), Coimbra, 1917, e ed. de Luciana Stegagno Picchio, Modena, 1959.

BARROS, João de — «Grammatices Rudimenta», in *Arquivos do Centro Cultural Português*, Paris, 1971.

BATAILLON, Marcel — *Études sur le Portugal au temps de l'Humanisme*, Coimbra, 1946.

BOLGAR, R. R. — *The Classical Heritage and its Beneficiaries*, Cambridge University Press, 1973.

BUCETA, Erasmo — «La tendencia a identificar el español con el latin», in *Homenaje a Menéndez Pidal*, Madrid, I, 1925.

BUESCU, Maria Leonor Carvalhão — *Textos Pedagógicos e Gramaticais de João de Barros*, Lisboa, Verbo, Colecção Textos Clássicos, 1969.

BUESCU, Maria Leonor Carvalhão — *João de Barros, Gramática da Língua Portuguesa*, Lisboa, Faculdade de Letras, 1971.

BUESCU, Maria Leonor Carvalhão — *Duarte Nunes do Leão*, Lisboa, Clássica, Editora, 1975.

FIGUEIREDO, António Pereira de — «João de Barros, exemplar da mais sólida eloquência portugueza», 1781, in *Memórias* ..., IV, 1793.

GÂNDAVO, Pêro de Magalhães de — *Diálogo em defensão da língua portuguesa*, Lisboa, 1574.

KEIL — *Grammatici Latini*, I-VIII, 1855-1880.

KUKENHEIM, L. — *Contributions à l'histoire de la Grammaire italienne, espagnole et française à l'époque de la Renaissance*, Amsterdão, 1932.

KUKENHEIM, L. — *Esquisse historique de la Linguistique française*, Leida, 1962.

LAPESA, Rafael — *Historia de la lengua española*, Madrid-Buenos Aires-Cádis, 1950.

LEÃO, Duarte Nunes do — *Orthografia da Língua Portuguesa*, Lisboa, João da Barreira, 1576.

LEÃO, Duarte Nunes do — *Origem da lingua portuguesa*, Lisboa, Pedro Craesbeck, 1606.

LEROY, Maurice — *Les grands courants de la Linguistique Moderne*, Bruxelas--Paris, 1963.

LOURO, Estanco — *Gramáticos Portugueses do Século XVI*, Lisboa, s/d.

MARTINS, José V. de Pina — *O Humanismo em Portugal*, Paris, 1972.

MENDONÇA, Henrique Lopes de — *O Padre Fernão de Oliveira e a Sua Obra Náutica — Memoria comprehendendo um estudo biographico sobre o afamado grammatico e nautographo e a primeira reprodução typographica do seu tratado inedito «Livro da Fabrica das Naos»*, Lisboa, Academia das Ciências, 1898.

MIGLIORINI, Bruno — *Storia della lingua italiana*, Florença, 1960.

NEBRIJA, António de — *Gramática Castellana*, ed. de Galindo Romeo y L. Ortiz Muñoz, Madrid, 1946.

NETO, Serafim da Silva — *Manual de Filologia Portuguesa*, Rio de Janeiro, 1957.

OLIVEIRA, Fernão de — *Gramática da Linguagem Portuguesa*, Lisboa, 1536; 2.ª ed. pelo visconde de Azevedo e Tito de Noronha, Porto, 1871; 3.ª ed. por Rodrigo de Sá Nogueira, Lisboa, 1936.

PINTO, Américo Cortês — *Da famosa arte da imprimissão*, Lisboa, 1948.

PINTO, Américo Cortês — «A Gramática e a Cartilha de João de Barros», in *Liceus de Portugal*, Out., 1945.

PINTO, Rolando Morel — «Gramáticos Portugueses do Renascimento», in *Revista de Letras*, São Paulo, 1961.

REVAH, I. S. — «João de Barros», in *Revista do Livro*, Rio de Janeiro, Março, 1958.

RICHE, Pierre — *Éducation et Culture dans l'Occident Barbare*, Paris, Le Seuil, 1967.

RICHÉ, Pierre — *De l'éducation antique à l'éducation chevaleresque*, Paris, Flammarion, 1968.

SARAIVA, António José — *História da Cultura em Portugal*, I-III, Lisboa, 1950.

TERRA, José F. da Silva — «L'édition princeps du *Dialogo de preceitos moraes* de João de Barros», in *Bulletin des études portugaises,* N. S. XXXX, 1969.

TERRACINI, Lore — «Appunti sulla 'coscienza linguistica' nella Spagna del Rinascimento e del secolo d'oro», in *Cultura Neolatina,* XIX, 1959.

TRABALZA, Ciro — *Storia della Grammatica Italiana,* Bolonha, 1963.

VASCONCELOS, Frazão de — «Ortografistas portugueses dos séculos XVI a XVIII», in *Liceus de Portugal,* III, Lisboa, 1932.

VENDRYES, Joseph — *Le langage — Introduction linguistique à l'histoire,* Paris, Ed. Albin Michel, 1968.

VIDOS, B. E. — *Manuale de linguistica romanza,* Florença, 1959.

WILAMOWITZ-MOELLENDORFF, U. von — *Storia della Filologia Classica,* Turim, 1967.

Lisboa, 1975.

Introdução à GRAMÁTICA DA LÍNGUA PORTUGUESA
(1539-1540)

Faculdade de Letras da Universidade de Lisboa, Setembro de 1969

JOÃO DE BARROS

1. João de Barros nasceu, provavelmente em Viseu, freguesia, concelho e comarca de Vila Verde, por volta de 1496. Era descendente de família fidalga que tomou o nome da aldeia Barros, de Entre Douro e Minho.

Apesar da bastardia da sua origem, órfão desde tenra idade, cedo foi acolhido nos Paços da Ribeira por recomendação de seu pai, Lopo de Barros, a D. João de Meneses[1]. Aí desempenhou as funções de moço de guarda-roupa do futuro rei D. João III, que o incitou às primeiras tentativas literárias.

Por 1520 casou em Leiria com D. Maria de Almeida e, dois anos depois, reinando já D. João III, foi-lhe confiado o governo da fortaleza de São Jorge da Mina, que parece não ter chegado a exercer ou que nem mesmo lhe terá sido confiado, devendo-se essa afirmação talvez a uma confusão do seu biógrafo Manuel Severim de Faria[2].

Em 1525, porém, foi investido no cargo de tesoureiro da Casa da Índia, Mina e Ceuta, ao regressar, segundo Severim, da sua viagem à Mina.

Este cargo, que exerceu até 1528, não deixou de influenciar decisivamente a sua futura actividade de historiador, pondo-o em contacto

---

[1] Filho de D. Duarte de Meneses, comendador de Sesimbra, conde de Tarouca (1499), prior do Crato e mordomo-mor de D. João II e D. Manuel, foi capitão de Arzila e de Tânger, onde lhe sucedeu seu filho D. Duarte, futuro governador da Índia. Morreu depois de 1521.

[2] Nascido em Lisboa por 1582 e morto em Évora em 1655, foi poeta e investigador polígrafo, dedicando-se ao género biográfico (*Discursos vários políticos*, 1624).

com os problemas do estabelecimento dos Portugueses na Índia, e pro-
porcionando-lhe uma oportunidade única de compulsar a documentação
oficial relativa a esse domínio. Essa oportunidade tornou-se mais eficaz
ainda com a sua nomeação, depois de demorada estada na sua quinta
da Ribeira de Alitém, em 1533, para o cargo de feitor da Casa da
Índia, em que permaneceu durante trinta e cinco anos.

Com efeito, desde 1531, João de Barros iniciara o seu audacioso
plano de historiar, sistematicamente, a presença e acção portuguesas
nos diferentes continentes do globo. Em 1552 é publicada a primeira
Década, vinte e um anos depois de Barros ter recebido e aceite o encargo de escrever a história da Índia, por morte de Lourenço de Cáceres [3]. Um ano depois sai a segunda *Década* e dez anos mais tarde a
terceira, em cujo *Prólogo* o autor define, com uma consciente precisão,
a sua atitude de historiador e o seu conceito de História.

Entretanto, em 1535, tendo-lhe sido concedida uma capitania no
Brasil, João de Barros sofre um fracasso, que não logrou, todavia, abalar
a sua resistência e inteireza, apesar dos enormes prejuízos económicos
e morais resultantes do naufrágio da expedição que enviara e onde
perdeu dois filhos. Diz ele:

«Os feitos da qual [Santa Cruz], por eu ter ũa destas capitanias,
me tem custado muita substancia de fazenda, por razão de ũa armada
que, em praçaria de Aires da Cunha e Fernão Álvares de Andrade,
tesoureiro-mór deste Reino, todos fizemos pera aquelas partes o ano
de quinhentos e trinta e cinco. A qual armada foi de novecentos homens, em que entravam cento e treze de cavalo, cousa que tam longe
nunca saíu deste Reino; da qual era capitão-mór o mesmo Aires da
Cunha, e, por isso, o princípio da milícia desta terra, ainda que seja
o último de nossos trabalhos, na memória eu o tenho mui vivo, por
quam morto me leixou o grande custo desta armada sem fruito algum [4].»

A sua actividade de historiador, moralista, filósofo erásmico, humanista e alto funcionário da Corte continua até 1567, data em que

[3] Mestre e secretário do infante D. Luís, morto em 1531, senhor de sólida cultura
humanística, especialmente nos domínios da ciência histórica e política.
[4] *Déc.* I, liv.º VI, cap. I. Nas citações feitas com referência às *Décadas* e às outras
obras de Barros que não constam da presente edição, transcrevemos o texto tal como se
encontra na edição utilizada para consulta e constante da *Bibliografia*.

renunciou à feitoria da Casa da Índia. Retira-se então para a sua quinta em Nermoil, perto de Pombal, beneficiando de avultadas tenças régias, as quais não lograram, todavia, libertá-lo dos importantes débitos contraídos, conforme se deduz do seu testamento, de que faz parte uma minuciosa lista de dívidas, cuja liquidação Barros encomenda rigorosamente aos seus herdeiros.

Morre em 1570 ou 1571, sendo sepultado, segundo disposições expressas no seu testamento [5], na ermida de Santo António, em Nermoil, construída e fundada por ele. Em 1610 foi trasladado para a igreja paroquial de Alcobaça, onde repousa.

Na sua longa vida de homem de letras, chama-nos a atenção a diversidade de interesses manifestados por João de Barros: novelista e poeta na *Crónica do Imperador Clarimundo* (antes de 1520); filósofo erásmico na *Ropica Pnefma* ou *Mercadoria Espiritual* (1531-1532); historiador nas *Décadas;* moralista no *Diálogo da Viçiósa Vergonha* e no *Diálogo sobre preceitos morais* (1540); pedagogo com a *Gramática* (1539-1540); panegirista com o *Panegírico da Infanta D. Maria* e o de *D. João III* (1655), etc. Essa diversidade, porém, vem acentuar o traço que nos parece mais característico da sua personalidade de letrado: o Humanismo. Foi como humanista que nos deixou a obra talvez mais representativa do espírito renascentista: a *Gramática da Língua Portuguesa,* incluindo a *Cartinha,* desenvolvida no *Diálogo em louvor da nóssa linguágem* e completada nos seus intuitos pedagógicos com o

---

[5] A minuta autógrafa do testamento de João de Barros, publicada por António Baião, é um documento curiosíssimo e comovente pelas revelações implícitas que contém sobre a feição moral do autor. No seu conteúdo, indica as disposições de João de Barros para sufragar a sua alma; regista minuciosamente todas as suas dívidas, mesmo as mais pequenas: «Eu tenho muitas dívidas as quaes sam sabidas por minha molher.» E, mais adiante: «mando a meus erdeiros e testamenteiros q̃ tudo o q̃ se achar que devo se pague»; apresenta ainda disposições em relação à distribuição dos seus bens remanescentes pelos filhos, especialmente para estabelecer dote para as duas filhas, a fim de poderem casar: «e não casando nenhũa peço-lhe que se recolhã como cumpre a sua honra delas e minha». Contém ainda algumas vontades relativamente aos seus manuscritos: «Todos os meus papees e tudo o que tenho escrito e composto deixo a [o nome de um dos filhos]; lhe peço que trabalhe por vir a luz e istime tudo segundo o trabalho que me tem custado. E o que se imprimir offereço a El-Rey nosso Snor a quem eu sempre deregi todo o fruito de meus trabalhos.» Pede aos filhos que amparem e protejam a mãe e as irmãs: «Mando e peço a meus filhos por [minha] bençã que levando-me Ds primeiro q̃ a sua mãi a sirvã e ajudem em todos e trabalhem por agasalhar e cõsolar suas irmãs. E [...] assi arão minha bençã.»

Diálogo da Viçiósa Vergonha, como livro de exercitação de leitura com conteúdo moralizador.

De resto, como veremos, nem nas *Décadas* Barros deixa de ser humanista e letrado e não perde nenhuma ocasião para, interrompendo o decurso da narrativa histórica, interpor considerações e paralelismos denunciadores desse humanismo de pendor linguístico.

Para além e acima do historiador, do filósofo, do pensador, do crítico da sociedade e do homem do Paço, está o sopro renascentista que condicionou a *Gramática* no seu conjunto pedagógico-didáctico e fez do seu autor um dos mais relevantes espíritos do Humanismo português.

Seguindo de perto os trilhos de António de Nebrija e dos outros gramáticos do Renascimento europeu, sobretudo italiano, a obra gramatical de Barros apresenta, contudo, muito de original e de renovador e preludia a plêiade de gramáticos e filósofos que de perto se lhe seguiram e não deixaram de reflectir a sua influência: Nunes do Leão, Gândavo e o cardeal Saraiva.

A personalidade moral e humana de Barros fornece-nos uma prova da autenticidade da sua obra multiforme e condicionada por duas constantes: a integridade e o amor da pátria. Esta segunda vem, porventura, limitar a primeira no que diz respeito ao valor histórico das *Décadas,* levando-o a omitir e a amenizar, mas não deixa de torná-lo merecedor da admiração e do respeito das gerações ulteriores.

2.   Como historiador, João de Barros apresenta-se coerente com a sua atitude nos outros domínios humanos e culturais, o que explica, afinal, todo o profundo sentido da sua obra de escritor e da sua atitude de homem: como observa Hernâni Cidade[6], «toda ela [a sua obra] é elaborada com intuito mais *formativo* que *informativo,* pedagogicamente [...]».

Com efeito, encarando como encara a História como uma *lição* (*Prólogo* da *Década* III), Barros torna-se um pedagogo: neste caso, *pedagogo do civismo.* As *Décadas* são alicerçadas e construídas segundo duas coordenadas: a apologia, com vista a uma educação cívica nacional;

---

[6] *J. de Barros,* in *Misc. à Memória de Adolfo Coelho,* Lisboa, II, 1950, p. 281.

o sentido épico como resultante de um transbordante sentimento de orgulho pátrio que provém da confluência de duas fontes — o ideal nacionalista do Renascimento e a consciência de uma missão histórica, sucedânea da gesta marítima dos Portugueses.

Sendo, pois, como Barros afirma no passo acima mencionado, a História uma lição para a posteridade, para frutificar em proveito próprio e comum, donde se poderá «tirar exemplo»; sendo ainda «um espertador do entendimento» — nem por isso ela deverá deixar de ser verídica, porque: «A primeira e mais principal parte da História é a verdade dela.»

Para que se tornasse uma lição, foi necessário que João de Barros reconhecesse como verdadeira a teoria da repetição cíclica dos acontecimentos históricos, isto é, das leis históricas: «por estarem as cousas futuras sujeitas a terem as vezes que já tiveram, quase como um curso circular».

A verdade histórica de Barros não é, porém, total, mas sim condicionada pelo patriotismo e pela sua adesão à orientação oficial do seu tempo. Por conseguinte, diz, ainda no *Prólogo* da *Década* III: «não há-de ser tanta que se diga por ela o dito da muita justiça que fica em crueldade, principalmente nas cousas que tratam da infâmia d'alguém, *ainda que verdade sejam*». Os limites da verdade histórica não são, pois, na obra de Barros, impostos por *alteração de factos,* mas por *omissão*: «E porque nossa tenção é, em todo o discurso desta nossa *Ásia,* escrever sòmente a guerra que os Portugueses fizeram aos infiéis, e não a que tiveram entre si, não espere alguém que estas diferenças do Viso-Rei e Afonso de Albuquerque e assi outras que ao diante passaram, se haja de escrever mais que o necessário para entendimento da história, *por não macular ũa escritura de tam ilustres feitos* com ódios, envejas, cobiças e outras cousas de tam mau nome[7].» E, no mesmo teor: «o nome do qual [homem de más qualidades] calamos, por sua honra e pola nossa, cuja natureza é, nesta nossa história, não publicar defeitos de partes que não fazem a bem dela»[8].

---

[7] *Déc.* II, liv.ª III, cap. 8.
[8] *Déc.* III, liv.ª V,

Assim, torna-se evidente a pedagogia cívica do autor, porque, tal como dos livros dedicados à juventude se expurgam passos considerados não formativos, quando não inconvenientes, assim se vê que Barros selecciona, com vista a um reforço cívico, os factos históricos, de forma a poder erigir esse monumento de glorificação patriótica que são as *Décadas:*

«Agora que o edifício começa a ser posto em vista de todo o mundo, crecendo com reinos, senhorios, cidades, vilas e lugares, que per conquista vai acrecentando aos primeiros fundamentos, convém escolhermos pedras lavradas e polidas dos mais ilustres feitos que para o efeito desta obra concorreram; e dos miúdos, por a grã multidão deles e não fazer muito entulho, não faremos mais conta que quando forem necessárias para atar e liar a parede da história[9].»

É, pois, evidente que, ao fazer História, Barros *planifica*, pretendendo esboçar, em profundidade, a perspectiva histórica, excluindo da cena os figurantes para se concentrar na actuação dos grandes actores. Dispõe e relaciona por escalões de importância os diferentes planos da sua cenografia histórica. Ao contrário, pois, de Castanheda, por exemplo, historiador primitivo, «João de Barros faz-se paladino de uma história elaborada, estruturada dentro de um pensamento cuidadosamente seleccionado»[10].

Podemos, talvez, afirmar que, como grande historiador da gesta ultramarina quinhentista, Barros representa uma atitude oficial, ortodoxa, perante essa gesta. Atitude que ocasionou, na sua obra, as limitações científicas que lhe foram imputadas, já pelos seus contemporâneos (Castanheda, por exemplo), já pela moderna crítica histórica. Mais do que História, as *Décadas* são uma verdadeira epopeia em prosa — vertidas numa linguagem correspondente em gravidade —, documento de uma mentalidade e testemunho da embriaguez gloriosa de uma época.

3. Segundo sugerimos na primeira parte deste capítulo, consideramos Barros *historiador ocasional* e humanista de facto. Consideramos

[9] *Déc.* I, *Prólogo.*
[10] ANTÓNIO JOSÉ SARAIVA, *História da Cultura Portuguesa*, vol. III, p. 218.

a *Gramática* e as obras dentro da sua esfera (a *Cartinha* e os *Diálogos*) como a obra mais representativa desse humanismo. Afigura-se notável que, no decorrer das *Décadas*, Barros muitas vezes se «esqueça» da História para se embrenhar em reflexões gramaticais e linguísticas de muito interesse e que, num estudo sistemático e exaustivo, poderiam ser vistas como um conjunto de nótulas de uma *gramática comparativa* nascente. O aparecimento em esboço rudimentar de uma atitude comparatista apresenta-se como uma das primeiras consequências mentais do encontro de novos povos e novas civilizações: «C'est le type du classement géographique qu'on trouve appliqué dès le xvie siècle soit dans les dictionnaires [11] en plusieurs langues, soit dans des recueils présentant un texte, généralement le *Pater Noster,* traduit en différentes langues [12].» João de Barros, sem apresentar glossários ou listas de palavras, porém, propõe à curiosidade dos letrados, leitores da sua obra, reflexões deste tipo: «Os quais [homens principais] depois, pola nobreza de seu sangue, tiveram o *dom,* que responde em significado a este vocábulo que anda entre eles — *mani,* que quer dizer *senhor* e, junto a *Sono,* nome daquela comarca de terra, quando dizem *Mani Sono* se entende o *Senhor de Sono,* porque todalas nações têm seus termos de nobreza e honra, causa dos maiores trabalhos da vida [13].» Esta reflexão é retomada em outros lugares da sua obra: «dando-lhe por dignidade este prenome *Mélique,* que é denotação de honra àcerca deles» [14]. Ou ainda: «O outro [conselheiro do rei de Malaca] havia nome Lacsamava, que era Capitão Geral do mar, ao modo que àcerca de nós é o almirante [15].» E ainda: «Porque, onde entra esta palavra *ràjá,* que é derivado do nome real, fica na pessoa a quem o rei dá, como àcerca de nós o título de *conde* e esta denotação *tuão,* como cá dizemos *dom* [16].» E ainda: «Segundo a geral openião daqueles que sabiam os princípios da fortuna deste sabaio, ele era natural da Pérsia, de ũa cidade per nome

[11] Lembremos o *Diário de Vasco da Gama* (Porto, 2 vols., 1945), rematado por um curto mas curiosíssimo glossário (II, pp. 181-189).
[12] M. LEROY, *Les grands courants,* p. 9.
[13] *Déc.* I, liv.º III; cf. *Gram.,* p. 66.
[14] *Déc.* II, liv.º II, cap. 9.
[15] *Déc.* II, liv.º III, cap. 10.
[16] *Déc.* II, liv.º V, cap. 2.

Sabá ou *Savá*, porque per um modo e per outro nomeam os párseos, os quaes, quando formam *nomes patronímicos*, dizem de Sabá *sabaí*, de Fars, pola Pérsia, *farsí*, e de Armen, por Arménia, *armeni*, e por este modo formam todolos outros [17].»

Além de considerações deste tipo comparativo, raramente Barros deixa de indicar a etimologia quer de nomes próprios, quer comuns, das regiões exóticas onde situa a narração. Assim, por exemplo: «foi ter a ũa ilha chamada Pulo Condor; *pulo* em língua malaia quer dizer ilha, *Condor* é o próprio nome; e daqui se pode entender, quando nesta história falarmos por este nome *pulo*, não é o próprio [nome], mas comum» [18]. Este passo revela claramente o gramático de 1540, bem como o seguinte: «Este nome *Maldiva*, posto que seja nome próprio de ũa só ilha [...], a etimologia dele em língua malabar quer dizer «mil ilhas»: *mal*-«mil»; *diva*-«ilhas», porque tantas dizem haver em ũa corda delas [19].»

Multiplicando-se passos deste género, como referências à etimologia de *cortesia*, de *rei* e de *mesura*, a vocábulos portugueses de origem mourisca ou exótica, à origem da fala, ao modo e ponto de articulação, a alguns dos quais teremos ocasião de nos referir em relação ao texto da *Gramática*, parece-me que podemos considerar que em Barros historiador está sempre obcecantemente presente o Gramático, desde a primeira página da sua *Década* I: «O qual artifício [da invenção da escrita], peró que a invenção dele se dê a diversos autores [20], mais parece per Deus inspirado que inventado per algum humano intendimento; e que, bem como lhe aprouve que, mediante o pàdar, língua, dentes e beiços, um respiro de ar movido dos bofes, causado de ũa potência a que os Latinos chamam *affatus*, se formassem palavras significativas, pera que os ouvidos, seu natural objecto, representassem ao intendimento diversos significados e conceitos segundo a disposição delas, assi quis que, mediante os caracteres das letras de que usamos, dispostas na ordem significativa da valia que cada nação deu ao seu

[17] *Ibid.*, liv.º V, cap. 2.
[18] *Déc.* III, liv.º II, cap. 6.
[19] *Ibid.*, liv.º III, cap. 7.
[20] Cf. *Gram.*, p. 61.

alfabeto, a vista, objecto receptivo destes caracteres, mediante eles, formasse a essência das cousas e os racionais conceitos, ao modo de como a fala em seu ofício as denuncia [21].»

4. Por escritor, entendemos aqui o estilista, que utiliza a língua com mestria e habilidade e ao mesmo tempo segundo critério estético de quem sabe optar entre diversas formas de expressão a que melhor convém ao assunto.

Nas *Décadas*, o estilo de João de Barros transborda nas suas qualidades descritivas e narrativas, dando largas a um metaforismo brilhante e por vezes audacioso, enriquecido por um exotismo que nunca o leva para além dos limites da vernaculidade e da elegância.

As *Décadas* marcam, por assim dizer, a fronteira divisória entre o estilo poético, mais particularmente épico, e o estilo narrativo próprio da História.

Vejamos dois exemplos descritivos que, isoladamente, nada têm de comum com o tipo de narrativa histórica: «Passado o tempo das flores [nas ilhas de Maluco] em que as nozes já estão coalhadas e de cor verde [...], vai-se pouco e pouco tengindo aquele pomo da maneira que vemos neste reino de Portugal uns pêssegos a quem chamam *calvos,* que parecem o arco do Céu chamado Iris, variado de quatro cores elementares, não em círculos, mas em manchas desordenadas, a qual desordem natural o faz mais fermoso. E porque neste tempo começam amadurecer, acodem da serra, como o novo pasto, muitos papagaios e pássaros diversos: é outra pintura ver a variedade da feição, canto e cores de que a natureza os dotou [22].» E ainda a seguinte descrição de uma Primavera exótica: «E a chamada Banda é a mais fresca e graciosa cousa que pode ser em deleitação da vista; ca parece um jardim em que a Natureza, com aquele particular fruito que lhe deu, se quis deleitar na sua pintura. Porque tem ũa fralda chã, chea de arvoredo querendo imitar ũa pereira. E quando estão em frol, que é no tempo que a tem muitas plantas e ervas que nascem per entre elas, faz-se da mistura de

---

[21] *Déc.* I, *Prólogo.*
[22] *Déc.* III, liv.º V, cap. 6.

tanta frol ũa composição que não pode semelhar a nenhum dos que cá temos entre nós [23].»

A metáfora de conteúdo poético e o ornamento de expressões pitorescas e coloridas adquire, frequentemente, um tom de elevada monumentalidade, de palacianismo apurado e eufemístico.

A frase alatinada, predominantemente hipotáctica, de recorte complicado, de estrutura por vezes alterada por anacolutias expressivas, apresenta às vezes construções nitidamente decalcadas da sintaxe latina, nomeadamente: o *ablativo absoluto* («assentado o tempo e modo» [24], «havida a vitória das naus» [25]; o emprego frequentíssimo do *relativo de ligação* («o qual modo é cousa maravilhosa» [26]; «a qual cidade [...]» [27]; «a qual ainda que ardia em fogo» [28]; expressões do tipo «cidade Cantão», «cidade Alexandria», «ilha Malaca», etc.

A elaboração de *período redondo*, à maneira latina, pode ser exemplificada com o seguinte passo, típico do período hipotáctico: «O mouro, porque estes seus caminhos eram dilatar tempo, pera entretanto meterem gente que esperavam da terra firme, parte da qual meteram aquela noute, quando veo ao seguinte dia, a reposta que trouxe foi dizer el-rei e Coge Atar, seu governador, que aquela cidade não costumava pagar tributos, senão receber rendimentos pera entrada e saída de mercadorias; que, por honra d'el-rei de Portugal, se ele, capitão, queria contratar algũas, lhe seria feito honra e aceitariam sua amizade [29].»

Neste período, além da deslocação, por anacolutia, do sujeito da subordinada: «a reposta que o *mouro* trouxe», temos: uma oração causal, uma final, três relativas, uma temporal, duas integrantes e uma condicional — além da principal —, todas imbrincadas umas nas outras e formando o complexo edifício de um período verdadeiramente latino.

---

[23] *Ibid.*
[24] *Déc.* II, liv.º II, cap. 3.
[25] *Ibid.*, liv.º IV, cap. 1.
[26] *Ibid.*
[27] *Ibid.*
[28] *Ibid.*
[29] *Ibid.*, liv.º II, cap. 3.

O interesse principal da prosa de Barros parece estar, justamente, na combinação desta rigidez lógica e sintáctica com o imprevisto de metáforas e comparações pitorescas: «eram tantos os imigos e o repetir de sua 'cuquiada', que pareciam gralhas, avoando mais que saltando»[30]; ou de conteúdo mais grave: «e por quanto o fogo tinha já tomado posse de três ou quatro naus das que estavam no estaleiro, como ele via, que as mandasse Coge Atar apagar, e que oulhasse não acendesse maior no ânimo dos Portugueses»[31].

Não obstante, um palacianismo nunca descurado, uma elegante e literária monumentalidade («porque naquele dia o prazer e tristeza não se conciliavam bem e todos estavam tão cegos que nem os vencedores saberiam pedir, nem os vencidos conceder»[32]), a prosa de Barros está recheada de episódios de um jocoso pitoresco, como na reflexão orgulhosa do Marichal: «direi a Sua Alteza que com esta cana de bengala na mão e com este barrete vermelho que trago na cabeça entrei em Calecut. E pois não acho com quem pelejar, não me hei-de contentar senão ir às casas d'el-rei e jantar hoje nelas»[33].

O exotismo não deixava, contudo, de constituir a parte palpitante e nova da prosa portuguesa de Quinhentos e as *Décadas* estão recheadas de passos como este: «Nos quais banquetes [da cidade de Cantão] há todo género de música, de volteadores, de comédias, de chocarreiros e toda outra deleitação que os pode alegrar. O serviço do qual comer é o mais limpo que pode ser, por tudo ser em porcelana muito fina, posto que também se servem de vasos de prata e ouro; e tudo comem com garfo feito a seu modo, sem pôr a mão no comer, por meúdo que seja. Però tem ũa diferença dos banquetes de cá, porque de dous em dous tem ũa mesa pequena, posto que na casa haja cincoenta convidados; e a cada sorte de iguarias há-de vir serviço novo de toalhas, pratos, facas, garfos e colheres. E de ciosos não comem as mulheres com eles, sendo logo servidos naqueles banquetes per mulheres solteiras, que ganham sua vida neste ofício; as quais são quase como chocarreiros,

---

[30] *Déc.* II, liv.º IV, cap. 1.
[31] *Ibid.*, liv.º II, cap. 3.
[32] *Ibid.*
[33] *Déc.* II, liv.º IV, cap. 1.

porque todo o serviço da mesa se passa com graças, assi delas como dos
outros menistréis alugados pera isso. As mulheres próprias, posto que
não estem nestes banquetes, com suas amigas no interior das casas
fazem outro, onde não entra homem, sòmente alguns cegos que tangem
e cantam [34].»

5. Nas obras de carácter filosófico e moral, contudo, e apesar de
certas constantes do seu estilo, como a frase alatinada, o palacianismo
de expressão, e o tom às vezes solene e hierático, a linguagem de Barros
perde a fogosidade majestosa das *Décadas* para adquirir um tom de
gravidade mais serena, aqui e ali sobrecarregada de citações e referências
a obras antigas:

«'Dá o de César a César e o de Deos a Deos'. Isto não alcançou
Platão, isto não compreendeo Aristóteles em seus predicamentos [35].»
E mais adiante: «Verdadeiramente, eu não sei como te podes manter
nestes exames tão delicados e piores de ver que os átomos dos Epi-
curos [...]. Aconselha-te com Juvenal: 'Se queres ser alguém, comete
crime digno de morte; a bondade é louvada, mas esfria-se [36].» E ainda:
«Quero-te responder primeiro com as opiniões dalguns filósofos e, desi,
direi meu parecer. Pitágoras diz que [a] alma é um número que se
entende a si mesmo; Platão, ũa substância dada a intendimento; Aristóteles, a primeira forma potencial do corpo; Dicearco, a harmonia dos
quatro elementos; Tales, ũa natureza sem repouso que se move a si
mesma; Anaxágoras, ũa cousa semelhante ao ar; Epicurio, ũa tempe-
rança elementar; Asclépiades, um apertamento dos sentidos; Demócrito,
ũa cousa encendida; e outras muitas opiniões, com que afirmo não haver
mais que nacer e morrer [37].»

Tal acumulação de citações, porém, que à primeira vista pode
sugerir a impressão de um estilo pesado, de erudição forçada, é contra-
balançado por uma ciceroniana familiaridade, que lhe confere, pelo contrário, encanto e leveza. Nesse aspecto, pode até considerar-se como

---

[34] *Déc.* III, liv.° II, cap. 7.
[35] *Ropica*, vol. II, p. 22.
[36] *Ibid.*, p. 23.
[37] *Ibid.*, pp. 39-40.

um mestre do estilo coloquial, seguindo na esteira de um Fernão Lopes e antecipando-se à «conversação» de Garrett com os seus leitores. Serve de exemplo o início do *Diálogo da Viciósa Vergonha*:

«*Pai:* Vem cá, António. Vai à minha livraria e tráze uns cadérnos numero quinze, que estám na estante segunda, na párte número seis.

Filho: Sam os cadérnos da gramática da língua Portuguesa que compôs pera o príncipe nósso senhor?

Pai: Esses sam ôs que péço.»

Adaptando, pois, o seu estilo ao carácter da obra, encontra-se que a linguagem da *Cartinha* e da *Gramática* é perfeitamente objectiva, concisa e despida de ornato, como logicamente convém a uma obra estritamente didáctica.

João de Barros estilista é, por consequência, uma personalidade rica, gozando do bom senso de saber adaptar a cada obra, consoante o seu carácter e intenção, o estilo mais próprio.

6. Ao tentar-se a breve apreciação do valor absoluto de Barros historiador observou-se como a base em que assenta todo o conceito — talvez em muitos pontos discutível — e o método histórico do grande Humanista se fundamenta no que poderá chamar-se uma *história pedagógica*, instrumento ideológico. A mesma vocação de pedagogo se manifesta na análise e crítica social presentes na *Ropica* e no *Diálogo sobre preceitos morais*. A pedagogia histórica dirige-se aos Portugueses; a pedagogia social aos Homens, a *Gramática,* a *Cartinha* e os dois *Diálogos* complementares aos Moços, «idáde em cujo proveito ésta óbra se compôs».

Por conseguinte, é com estas últimas obras que se manifesta mais claramente a intenção e o pendor pedagógico e formativo de João de Barros — consciente e intencionalmente pedagogo: «Porém usarei do que fázem os méstres de ensinár a escrever: dam uns treládos da maneira que se [h]am-de terçár e dilineár as lêteras e, com élas, ajuntár as sílabas e vocábulos; depois per ali compõem cada um o que [h]á mistér em negócios. A primeira entráda com que sam cometidos ôs de tua idáde é com jogo [38].»

---

[38] *Diál. da Viç. Verg.*, pp. 222-223.

Essas quatro obras, que se completam e se inserem na mesma esfera intencional, formam, por assim dizer, um *corpus* didáctico da época. No seu conjunto, distinguimos, principalmente, os seguintes aspectos:

A) Escolaridade intencional da *Cartinha* como primeiro livro didáctico, da *Gramática* como segundo livro, e dos dois *Diálogos* como conclusão e textos de leitura: «[...] farei ô pera que pedia estes cadérnos da gramática, que éra escrever algũa cousa moral pela doutrinár ôs de tua idáde» [39].

B) Opção, da parte do autor, por uma gramática normativa, tendo em vista os seus objectivos didácticos imediatos: «[vejamos] nam segundo convém à órdem da gramática especulativa, mas como requére a preçeitiva» [40]. A clareza com que se exprime não deixa lugar para dúvidas: Barros considera, efectivamente, os pedagogos como *artistas,* diremos *artesãos,* isto é, moldadores dos espíritos sobre que vão exercer o seu ensino. Para Barros, os *artistas,* isto é, os executores da *Arte* que se propõe elaborar com a sua *Gramática,* opõem-se aos *gramáticos especulativos,* pela actividade plenamente pragmática do ensino. É o que sugerem as suas palavras: «E, dádo que no prinçípio, onde se tráta da lêtera, houvéramos de prosseguir na Ortografia [41], quisemos levár a órdem dos *artistas* e não â dos gramáticos especulativos [42].»

C) Ordenação indutiva das matérias, que nos aparece (ao lado, é certo, da dedução) como uma antecipação metodológica: «nóssa tenção é fazer algum proveito aos minimos que por ésta árte aprenderem, levando-ôs de léve a gráve, de pouco a máis» [43].

D) Sistematização selectiva das matérias, de forma a tornar a obra assimilável e acessível a espíritos inexperientes: «leixádas muitas particularidádes da gramática latina e outras muitas da nóssa, tratarei sòmente do neçessário aos prinçipiantes» [44]. Barros, mais mestre do

---

[39] *Diál. da Viç. Verg.*, p. 180.
[40] *Gram.*, p. 60.
[41] Note-se que é essa, aliás, a ordem seguida por Nebrija, o qual, por consequência, Barros considera um especulativo.
[42] *Gram.*, p. 135.
[43] *Ibid.*, p. 135.
[44] *Ibid.*, p. 135.

que gramático especulativo, empreende, pois, a difícil tarefa de, dada a «novidáde da óbra», estabelecer as regras gerais, aludindo às excepções — indispensáveis numa obra de carácter normativo.

E) Utilização de uma exemplificação gramatical raramente destituída de conteúdo formativo ou informativo, constituída por «exemplos ilustrativos, quase sempre extraídos da história e da realidade portuguesa» [45]. A análise dessa exemplificação gramatical, ao longo da gramática, além de revelar, efectivamente, uma série de conceitos sociais curiosos, mostra mais uma vez a intenção de o autor oferecer uma obra educativa, essencialmente destinada sobretudo a jovens, isto é, estudantes de tenra idade, a quem o autor não perde uma oportunidade para incutir sãos princípios de vida. Essa exemplificação é constituída por dois tipos:

a) Exemplário revelador de uma intenção formativa nos domínios da moral e da religião: «Tu e António e os bons hómens, com as mulhéres devótas, folgáis de ouvir as vidas dos santos [46].» «A mi convém dár doutrina, a ti reléva aprender çiênçia, aos hómens apráz ter dinheiro, às mulheres cumpre honestidade e a todos obedeçer aos preceitos da Igreja [47].»

b) Exemplário tendente à formação de um sentimento cívico, baseado no orgulho da gesta ultramarina: «El-rei D. João, o primeiro, venceu a batálha reál e passou em África e tomou Çeita aos mouros e tornou-se a este reino vitorioso [48].» «Quantas vélas tráz él-rei nósso Senhor da India? [...] Trezentas [49].»

[45] MOREL PINTO, Gramáticos, p. 143.
[46] Gram., p. 127.
[47] Ibid., p. 119.
[48] Ibid. p. 127.
[49] Ibid., p. 127.

Outras frases de exemplificação gramatical como: «no Páço se pragueja fortemente»[50], ou: «Os hómens que vão a Paris e estão no estudo pouco tempo e fólgam de levár boa vida, não ficam com muita doutrina»[51] — não deixam de apresentar um interesse documental curioso, constituindo «a grande novidade do autor»[52]. De facto, casos como: «do hómem de que falávamos vem agóra»[53], isto é, de sentido meramente gramatical e neutros de intenção, são, realmente, raros.

F) Preocupação de, aplicando, como já vimos, um método de base indutiva, tirar o máximo partido da disposição gráfica, como expediente mnemotécnico, ensinando «as regras àridamente científicas por forma desenfastiada e deleitosa»[54]. A *Cartinha* pode dizer-se que é «profusamente ilustrada», o tipo de letra varia conforme o grau de conhecimentos suposto — método ainda hoje utilizado nos livros de aprendizagem de leitura. A *Gramática*, não contendo ilustrações, apresenta as matérias dispostas em «pilha», por vezes em duplicações desnecessárias, mas que demonstram a aplicação do *princípio da repetição* como método de fixação.

Resta analisar a intenção que presidiu à elaboração da *Gramática*. Parece-nos, efectivamente, com base na repetida afirmação do autor ao longo desta obra, que ela foi elaborada com vista à sua utilização por «mininos e moços». Não se destina, quer-nos parecer (e nisso opomos uma possível reserva à suposição de A. J. Saraiva[55] e Cortês Pinto[56]), exclusivamente aos não portugueses. Ora, é fácil admitir que esses não portugueses, a quem seria possivelmente útil e acessível a *Cartinha* (com a sua curiosa representação imagística), não conheciam a estrutura da gramática latina que serve de base à sistematização da de Barros. Sendo assim, não podiam evidentemente, por não estarem

---

[50] *Ibid.* p. 93.
[51] *Ibid.*, p. 92.
[52] MOREL PINTO, *op. cit.*, p. 142.
[53] *Gram.*, p. 127.
[54] CORTÉS PINTO, *A Gramática...*, in *Liceus de Portugal*, n.º 46, Outubro 1945; *Da famosa arte...*, p. 254.
[55] *Hist. da Cult. em Port.*, vol. II, p. 186.
[56] *Da famosa arte...*, p. 254.

aptos, aproveitar do conteúdo e do método da *Gramática*. A afirmação, de que Barros tinha em vista os «quátro prinçipáes» do Malabar, ao organizar o seu método, se pode ser, parcialmente, válida para a *Cartinha*, não o será para a *Gramática*. Uma Gramática para estrangeiros deveria, por exemplo, partindo de uma descrição fonética (como tentara Fernão de Oliveira), basear-se numa exemplificação simples do diálogo quotidiano em texto bilingue. Esse tipo de gramática existiu, com efeito, bastante cedo [57].

Admitindo, pois, que a *Cartinha* foi elaborada tendo em vista — embora não exclusivamente — uma circunstância histórica bem definida, isto é, a vinda ao Reino de quatro chefes orientais para serem instruídos e doutrinados, afigura-se que Barros, ao terminar essa primeira tentativa, teria concebido a ideia de continuar a empresa, oferecendo uma obra que seria o complemento da primeira. Esta suposição tem importância na medida em que vem, até certo ponto, esclarecer a posição de Barros em relação a Fernão de Oliveira: a *Gramática* de João de Barros é — sem dúvida — posterior em elaboração e em publicação à de Oliveira. Mas, sendo diferente na intenção, no carácter, na apresentação e na construção, Barros continua a considerar a sua obra a *primeira arte* normativa, pedagógica e destinada a «mininos e moços», da Língua Portuguesa.

7. Editada em 1539 em Lisboa por Luís Rodrigues, a *Cartinha* [58] situa-se no prosseguimento de várias tentativas no sentido de proporcionar aos meninos «o primeiro leite de sua criação», com a aprendizagem da língua materna.

Efectivamente, a consulta do *Catálogo* de Anselmo leva-nos a concluir que houve várias *cartinhas* [59] antes e depois da de Barros (sendo

[57] Cf. ERILDE REALI, *La prima «Grammatica» italo-portoghese*, em «Annali dell'Istituto Universitario Orientale», Sezione Romanza, Nápoles, V, 1963, 2, pp. 227-276.

[58] Na *Bibliografia* de Anselmo tem o n.º 1005.

[59] *Op. cit.*, n.ºs 600, 601, 602, 650, 1004 (*Insino Christão aprovado pella Sancta Inquisiçam*) e 1252. Por outro lado, o catálogo dos *Livros Impressos no séc. XVI, existentes na Biblioteca Pública e Arquivo Distrital de Évora*, I, Tipografia Portuguesa [Évora, 1962], menciona quatro *cartinhas*, sob os n.ºs 182 (p. 47, cota: «Reserv. 300»), 183 (p. 48, cota: «Reserv. 300-A), 184 (p. 48, cota: «Reserv. 300-B) e 185 (p. 48, cota: «Reserv. 256-B»).

algumas delas apenas reedições), como primeiro livro de ensino. O segundo livro, porém, até à publicação da *Gramática* de João de Barros em 1540, eram as também numerosas *gramáticas latinas*, destinadas aos estudantes de grau, poderemos dizer, secundário. Enquanto, pois, em relação à *Gramática* de 1540 (que é afinal uma 2.ª parte do conjunto intitulado *Gramática*, e de que a 1.ª parte era a *Cartinha*, como já dissemos) devamos considerar Barros como um *precursor*, não se pode dizer o mesmo em relação à *Cartinha*, e no que diz respeito à sua intenção, embora continue a sê-lo, quanto ao método lúdico e indutivo.

Segundo Cortês Pinto, com efeito, e deixando certa margem para a possível gratuitidade de algumas estimativas suas, «a primeira *Cartilha* [...] foi impressa por Germão Galharte em 1534, segundo a *Bibliografia* de Anselmo, mas houve certamente outras antes» [60].

Com efeito, desde 1504, segundo escreve Damião de Góis, existem referências a envios de livros para o Congo, livros que o cronista designa como *de doctrina cristã*, mas que provavelmente eram já *cartinhas,* pois, de modo geral, e como fará também Barros, nelas se incluía uma parte de catecismo. Em 1512 e 1515 seguem para a Abissínia e para o Oriente novas remessas de livros de que faziam parte *cartinhas*. No entanto, dessas *cartinhas* não existem referências bibliográficas que nos permitam identificar o seu autor, o seu editor ou qualquer outro pormenor concernente.

Cortês Pinto admite, porém, que, anteriormente a 1504, se haja publicado a *primeira Cartinha* portuguesa da autoria de D. Diogo de Ortiz Vilhegas, bispo de Viseu morto em 1519. Um alvará de autorização a Germão Galharte para imprimir a *Cartinha* do bispo indicará apenas tratar-se de uma reedição daquela que fizera parte da remessa para o Congo em 1504.

Não devemos, no entanto, ao que me parece, considerar que a publicação de *cartinhas,* e nomeadamente da de João de Barros, tenha sido feita em função exclusivamente do ensino da língua portuguesa a estrangeiros — mais especialmente, ultramarinos. Tal inferência excessiva provém do seguinte passo do prólogo da *Cartinha* de Barros: «Com

---

[60] *Da famosa arte...*, p. 249.

zelo de aprender a quál língua, quátro dos prinçipaes deste povo [Malabar] veéram este ano por, máis sem pejo dos empedimentos da pátria, cá nestes reinos â pudéssem milhór praticár e per éla aprender os preçeitos da lei em que espéram acabár.»

No entanto, pouco mais adiante esclarece: «Porque eles [os quátro prinçipáes] e os *mininos destes reinos*, por lhe ser mádre e nam madrásta, mádre e nam ama, nóssa e nam alhea, com tanto amor reçeberám os preçeitos déla [por meio desta arte] [61].»

Da *Cartinha* de João de Barros, primeira edição de 1539, tive apenas conhecimento do exemplar da Biblioteca Nacional do Rio de Janeiro, cuja fotocópia obtive não sem alguma dificuldade e graças à gentileza do Prof. A. Moreira de Sá [62].

Embora tal raridade nos pareça, à primeira vista, estranha, lembrando-nos de que se trata de um livro de primeiras letras, facilmente admitimos o seu desgaste.

O exemplar do Rio de Janeiro, a avaliar pela fotocópia de que nos servimos, está bem conservado. É um in-8.º constituído por vinte e oito fólios.

O rosto que contém o título de «*Grammática*» é uma bela gravura, representando uma escola em que o mestre aponta num livro a um discípulo que se encontra junto dele, de pé. A cena é movimentada e curiosa: dois alunos que brigam, cadernos espalhados, um cachorro e um gato prestes a intervirem na liça, por entre grupos dispersos de crianças em diversas atitudes. Em terceiro plano, observa-se uma cena de castigo, em que uma criança, às costas de outra, é punida corporalmente por uma terceira. O rosto é encimado por um friso de pequenas figuras aladas que sustentam uma legenda: LIBROS LEGE. A pá-

---

[61] Ideia semelhante exprime J. de B. no *Prólogo* da *Década* I: «E como os homens, pela maior parte, são mais prontos em dar de si frutos voluntários que os encomendados, imitando nisto a terra sua madre, a qual é mais viva em dar as sementes que nela jazem per natureza que as que lhe encomendamos per agricultura, parece que me obrigou ela a que patrizasse e que per diligência prevalecesse mais em mim a natureza.»

[62] Ao mesmo professor devemos o empréstimo das restantes fotocópias (da *Gramática* e dos *Diálogos*), motivo por que lhe renovamos os nossos agradecimentos.

gina seguinte contém a *Távoa* que, como já dissemos, constitui um sumário do *corpus* pedagógico planeado primitivamente pelo autor e que inclui, portanto, a *Gramática* e os dois *Diálogos* destinados a exercício de leitura proveitosa.

As três páginas seguintes contêm, a caracteres itálicos, a dedicatória ao príncipe e o prólogo, cuja redacção se refere, do mesmo modo, às quatro obras constantes da *Távoa*.

As duas páginas seguintes apresentam a *Introduçám pera aprender a ler*, constituída por vinte e dois desenhos de objectos cuja primeira letra representa a correspondente do alfabeto português: *árvore, bésta, çesto, dádo, espelho*, etc.

A página seguinte é de grande interesse gráfico: apresenta o alfabeto e um círculo dividido em sectores em que estão inscritas alternadamente as vogais e as consoantes *l, m, r* e *s*. No extremo de cada sector vocálico, uma consoante diferente que constituirá sílaba com uma das vogais. A circunferência inscreve ainda em redor a frase: «*Meninos, sabei nesta espera emtrar: sabereies, syllabando, muy bem soletrar.*»

As seis páginas seguintes, graficamente complicadas, contêm feixes em que se empilham as vogais precedidas de uma consoante, para formar sílabas.

A página seguinte contém as sílabas *cha..., lha..., nha...* e breves considerações sobre «*O proveito que tem saber muitas syllabas*»; seguem-se os «*Preçeitos e mandamentos da Igreja*».

O tipo de letra usado é o gótico redondo e grande. Os títulos, como, aliás, quase todo o cólofon, são compostos em caracteres itálicos, iguais aos da introdução, da *Gramática* e dos dois *Diálogos*. A *Cartinha* está ilustrada quase profusamente com pequenas gravuras alusivas aos assuntos e com letras capitais iniciando os capítulos. Utiliza-se o *caldeirão* como divisão de certos parágrafos.

A última página contém a marca do livreiro Luís Rodrigues.

Além desta primeira edição, temos notícia apenas da de 1785 dos monges cartuxos, em volume de conjunto com a *Gramática* e os dois *Diálogos* que incluímos no presente sintagma, conforme intenção expressa pelo autor, na primeira edição.

8. A primeira edição da *Gramática da Língua Portuguesa*[63] é de 1540, também in-8.°, e foi editada em Lisboa por Luís Rodrigues, livreiro. Tenho conhecimento seguro de um exemplar existente na Biblioteca da Ajuda em Lisboa e de um segundo na Biblioteca Municipal de Évora[64], embora se encontrem referências talvez erróneas à existência de outro exemplar na Biblioteca Nacional de Lisboa, que, no entanto, não me foi possível confirmar.

O exemplar da Ajuda in-8.°, que serviu de base à presente edição, está relativamente bem conservado (o mesmo acontecendo em relação ao de Évora), embora parcialmente manchado pela humidade.

A numeração é feita em cada fólio de 1 (contando com o rosto) a 61, em que termina o *Diálogo em louvor da nóssa linguágem,* editado em conjunto; o texto da *Gramática* vai até ao fólio 50 e o *Diálogo* inicia-se no verso desse mesmo fólio.

O rosto é constituído por uma portada encimada pelas armas de Portugal e contendo o título e a indicação do lugar, do editor e da data. Ladeando as armas de Portugal, encontram-se duas esferas armilares. O rosto é esquadriado por uma vinheta que apresenta, como elementos ornamentais, pássaros, plantas exóticas, borboletas e uma granada.

No final do volume (depois do *Diálogo,* por conseguinte) e ocupando cerca de dois terços do verso do último fólio encontra-se a marca do impressor Luís Rodrigues.

Contrariamente ao que sucede com a *Cartinha*, profusamente ilustrada, a *Gramática* não apresenta gravuras, mas, por outro lado, mostra uma disposição «pedagógica» das matérias. Assim, as declinações do *artigo*[65], do *nome*[66], do *pronome*[67], bem como as conjugações verbais[68], são dispostas tendo em vista uma fácil aprendizagem e fixação. Comparando, porém, a disposição gráfica da *Gramática* com a da *Gram-*

---

[63] ANSELMO, *Bibliografia...*, n.° 1019.
[64] *Livros Impressos...*, n.° 132 [p. 33, cota: «Séc. XVI, 6111 (Manis.)»].
[65] Cf. p. 80.
[66] *Ibid.*, p. 81.
[67] *Ibid.*, pp. 87-90.
[68] *Ibid.*, pp. 98-105.

matices rudimenta [69] poderemos ser levados a concluir, efectivamente, que esta última foi posterior àquela e representa um aperfeiçoamento do método ensaiado na *Gramática da Língua Portuguesa* de 1540. A Gramática Latina apresenta, com efeito, uma «esfera» semelhante à da *Cartinha* [70], a qual insere as terminações das declinações.

Outro aspecto que, relativamente à *Gramática da Língua Portuguesa*, parece dever relevar-se, diz respeito à Ortografia.

Batedor de caminhos novos, Barros tenta resolver os três problemas fundamentais postos para o Português:

1) Perda da noção de quantidade e necessidade da notação dos graus de abertura vocálica;
2) Tentativa de abolição de *qu*, substituído por *c* e utilização de *ç* para o som sibilante (no século XVI ainda africado): *ça, çe, çi, ço, çu;*
3) Distinção de *i* e *u* semivogais de *j* e *v*.

As soluções apontadas por João de Barros parecem revelar uma influência italiana, embora temperada com maior conservadorismo. Em relação ao primeiro problema, efectivamente, tal como Tolomei e Varchi, propõe as designações de *o* grande e *o* pequeno; *e* grande e *e* pequeno. Graficamente, *o* grande (aberto) representar-se-á por *ó*, *o* pequeno (fechado) por *o* ou *ô*; *e* grande (aberto), contudo, será representado por *e* com vírgula sotoposta, enquanto *e* pequeno (fechado) será, simplesmente, *e*.

A segunda edição da *Gramática* (em volume conjunto com a *Cartinha* e os dois *Diálogos*) é a de 1785, dos monges cartuxos, fazendo parte da edição das obras do «insigne Joam de Barros» [71]. O exemplar que consultámos, pertencente ao Centro de Estudos Filológicos de Lisboa, encontra-se bastante deteriorado. A edição é defeituosa, inçada de erros, uma pequena parte dos quais está mencionada na errata. A maior parte deles não foi corrigida e dificulta a leitura e a interpretação.

[69] Códige BNL, ilum. 148.
[70] Cf. p. 8.
[71] *Compilaçam de varias obras do insigne portuguez Joam de Barros, Lisboa,* 1785.

A terceira edição saiu em 1957, a cargo de José Pedro Machado e integrada nas publicações da Sociedade de Língua Portuguesa, de intuito manifestamente divulgativo, com vista a um fácil acesso ao texto.

9. A intenção estritamente pedagógica tantas vezes acentuada pelo autor a propósito da elaboração da *Gramática* conduziu-o a uma redacção cuja concisão deliberada o impediu de expor um certo número de ideias de carácter geral e não meramente pragmático.

Não é tal, por exemplo, a apresentação da *Gramatica Castellana* de António de Nebrija, que inclui numerosas reflexões para além do âmbito meramente normativo.

O presente *Diálogo* constitui, pois, ao que parece, o complemento de certo modo especulativo, embora também muitas vezes prático, da *Gramática* que destinara a «mininos e moços» e que, intencionalmente, despojou de toda a prolixidade. Intenta, pois, neste *Diálogo,* louvar «a nossa linguágem que temos pósta em árte, com que léve máis ornáto que as régras gramaticáes» [72].

Barros não considera, efectivamente, terminada com a *Cartinha* e a *Gramática* (obras didácticas no sentido restrito) a missão de pedagogo que se atribui. Com o *Diálogo da Viçiósa Vergonha,* que parece ter sido composto antes do *Diálogo em louvor...*, Barros tenciona estabelecer regras sãs de vida para a juventude e planeia completá-lo com outros dois que não chegou, com toda a probabilidade, a escrever: «E a estes preçeitos gramaticáis [inclusos na *Gramática*] e *Diálogo da Viçiósa Vergonha* [...], quiséra ajuntár outros dous, um, da *Viçiósa Verdáde,* e outro déstas duas palávras *Si, Nam* [73].»

Muitas das intenções planificadas por João de Barros estavam, no entanto, destinadas a nunca virem a ser integralmente realizadas, como aconteceu com a monumental estrutura histórica de que só chegou a apresentar, com a *Ásia,* uma quarta parte. O próprio Barros se apercebe da distância entre as suas intenções e as suas realizações, afirmando «ter mais cabedal em desejos que faculdade e tempo para este ofício de escritura».

[72] *Diálogo em louvor...,* p. 157.
[73] *Ibid.,* p. 156.

O *Diálogo em louvor...*, porém, surge, antes de mais, como correspondendo a uma necessidade de Barros se completar e se esclarecer a si próprio como autor da *Gramática*.

Assim, depois da intenção pedagógica reafirmada logo no início do *Diálogo*, Barros ocupa-se do problema da *origem das línguas*, baseando-se fielmente na Escritura, embora evidenciando uma elasticidade de espírito tipicamente humanística, a que teremos ocasião de fazer mais demoradamente referência ao tratar das *ideias gramaticais* deduzidas do conjunto da sua obra. Directamente relacionado com este, Barros refere-se depois ao problema da *diferenciação das línguas,* que explica, segundo a generalidade dos autores, pelo mito da Torre de Babel.

Afigura-se, no entanto, que, uma vez diferenciadas as línguas, Barros admite a noção de *evolução* e *filiação* linguística, embora confundindo essas noções com a ideia de *corrupção*. Assim, atribui, sem sombra de dúvida, ao Português a paternidade latina «cujos filhos nós somos»[74], embora admita a introdução de termos de diferentes origens, nomeadamente do grego, do hebraico, do mourisco e das línguas dos povos com quem os portugueses recentemente haviam travado contacto. Não obsta isto, porém, a que continui a considerar como língua mais perfeita «â que máis se confórma com a latina»[75].

Entra a seguir, propriamente, na parte de *louvor* da língua portuguesa. A posição de João de Barros no que respeita a este ponto parece que se insere na polémica mais ou menos latente durante os séculos XVI e XVII entre os decididos apologistas da língua nacional e os que reconheciam a superioridade da castelhana como língua de maior circulação, expressividade e riqueza[76]. Contra esses, opõe-se vigorosamente João de Barros, atribuindo à língua portuguesa, como qualidades essenciais, riqueza vocabular, conformidade com o Latim, gravidade e majestade, sonoridade agradável, capacidade de exprimir ideias abstractas, possibilidade da formação de novos vocábulos. Note-se, porém, que, paradoxalmente e numa fugidia alusão, Barros parece contradizer-se no seguinte passo: «Aqui nestes três respeitos de vergonha vam três partes

[74] *Diálogo em louvor...*, p. 162.
[75] *Ibid.*, p. 163.
[76] Cf. EUGENIO ASENSIO, prefácio de *Eufrosina*, pp. XL-LII.

suas que nam espeçíficamos em nome, pero que disséssemos seus efeitos *por nam termos a cópia de vocábulos que tem os Gregos e Latinos* [...] [77].» Reconhece, pois, que o Português é vocabularmente mais pobre que aqueles dois idiomas.

Refere-se a seguir ao problema da adopção de neologismos cultos, que preconiza desde que «a orelha bem reçeba» [78] esses novos vocábulos.

Esta reflexão relaciona-se de perto com o problema do *uso* e da *gramática*, o qual «fáz as cousas tam naturáes como a própria natureza» [79].

Séguindo na esteira de Lorenzo Valla e de Nebrija, João de Barros estende o seu louvor à língua, considerando-a como «o máis çérto sinál [...] testemunho de sua vitória» [80].

Depois de deixar-se discorrer sobre problemas linguísticos deste tipo, próximo, muitas vezes, da especulação, o génio concreto de Barros recondu-lo à esfera pedagógica de que nunca se afasta por muito tempo e faz uma crítica acerba à impreparação dos mestres de ler e escrever: «Nem todolos que insinam ler e escrever nam sam pera o ofício que tem [...]. Ũa das cousas menos oulháda que [h]á nestes reinos é consintir, em todalas nóbres vilas e çidádes qualquér idióta e nam aprovádo em costumes de bom viver poer escóla de insinár meninos [...]. [E...] leixam os diçípulos danádos pera toda sua vida [...] [81].» A mesma ideia será retomada mais tarde numa breve alusão nas *Décadas,* em que se refere à necessidade de preparação especializada dos mestres: «[...] na Gramática, na Lógica e na Retórica, etc., somente julgam os professores dela e não o vulgo [82].»

A última parte deste *Diálogo* é, por consequência, quase um ensaio sobre a pedagogia das primeiras letras. Barros, depois de ter afirmado a necessidade de fazer preceder o ensino do Latim pelo do Português, faz a apologia da brandura do ensino; preconiza o método indutivo, e

[77] *Didl. da Viç. Verg.,* p. 249.
[78] *Diálogo em louvor...,* p. 81.
[79] *Ibid.,* p. 83.
[80] *Ibid.,* pp. 84-85; cf. *La Lengua, compañera del Imperio,* pp. 401 e segs.
[81] *Ibid.,* pp. 86-87.
[82] *Déc.* II, *Prólogo.*

aconselha a precedência do ensino da *letra redonda* sobre o da *letra tirada*, contrariamente ao método geralmente seguido.

A primeira e a segunda edições deste *Diálogo* foram, como se viu, conjuntas com as da *Gramática*, respectivamente em 1540 e 1785.

Em 1917 foi reeditado em Coimbra no *Boletim Bibliográfico da Biblioteca da Universidade,* ano IV, n.os 1 a 6 (Janeiro a Junho), pp. 122 a 139. Esta edição pretendeu apenas reproduzir, sem modificações, interpretações ou comentários, o texto de 1785, que, como vimos, já não era seguro. Esta reprodução do *Diálogo,* talvez pelo facto de nas duas edições anteriores ter sido publicado com a *Gramática,* vem ambiguamente citada na *História da Literatura Portuguesa* de Mendes dos Remédios como edição da *Gramática* [83], o que tem levado a falsas interpretações e citações.

Finalmente, em 1959 a investigadora italiana Luciana Stegagno Picchio levou a efeito a 4.ª edição do *Diálogo em louvor da nóssa linguágem,* precedido de um estudo em que o situa no complexo movimento renascentista português e europeu, estudo a que não faltam lúcidas conclusões.

10. Foi dito já que este *Diálogo* constitui, com as três obras anteriores, um *corpus* pedagógico planificado previamente pelo autor e ao qual faz alusão, nomeadamente na introdução da *Cartinha,* no início do *Diálogo em louvor* e na introdução do da *Viçiósa Vergonha.*

O próprio João de Barros justifica o critério que o levou a complementar uma obra estritamente didáctica (a *Cartinha* e o *Diálogo*) e de feição linguístico-humanista (o *Diálogo em louvor*) com esta outra de carácter marcadamente moralizador. É que Barros empreendeu uma obra deliberadamente mais que didáctica — educativa. O seu conceito de educação vai para além do ministério de um ensino, mas abrange a formação moral e social dos jovens a que se destina — obrigação atribuída aos mestres no seguinte passo: «Máos méstres leixam os diçípulos danádos pera toda sua vida, nam sòmente com víçios de álma de que podéramos dár exemplos, mas ainda no módo de ôs ensinár [84].»

---

[83] MENDES DOS REMÉDIOS, *Hist. de Lit. Port.,* Coimbra, p. 181 n.
[84] *Diálogo em louvor...,* pp. 172-173.

Para Barros, é indispensável que o mestre — ou, antes, o educador — ensine não só as letras, mas as normas do bom viver e da boa conduta. E o momento mais oportuno para o fazer é precisamente a idade jovem, em que os moços discípulos ainda são permeáveis a uma branda influência morigeradora: «As plantas nóvas, pera prender com viva raiz, nam quérem lógo o férro ao pé. Depois que sam duras e bem enramádas, entám lhe convém o podám, pera âs desafogár [...] tál déve ser o artifício pera plantár doutrina áspera em naturezas tenrras como é o intendimento de mininos [85].»

Assim, e de acordo com estes princípios pedagógicos expostos no *Diálogo* precedente, Barros pretendeu, com o da *Viçiósa Vergonha,* «plantár doutrina» de uma forma amena e natural: «E se açerca désta matéria da viçiósa vergonha desejáres saber algũa cousa, pódes perguntár, e, assi, das tuas perguntas e minhas repóstas, faremos um diálogo inoçente, pera inoçentes [86].»

Um dos traços mais característicos deste *Diálogo* é a conciliação da sabedoria antiga com a doutrina do Evangelho e dos doutores da Igreja. Assim, Barros cita numerosos autores latinos e gregos: Cícero, Aristóteles, Menandro, Terêncio, Plutarco, Juvenal, Séneca, Ovídio, Alexandre, Afrodísio, Platão, Sócrates, Epiménides, Arato, etc., a par de S. Tomás, S. Jerónimo, S. Paulo e outros. É curioso notar também que à secura expositiva da linguagem da *Gramática* (para não falar já na da *Cartinha*), em que parece que deliberadamente Barros evitou citações e abonações, para não alterar o ritmo pragmático da ordenação das matérias, sucede-se agora neste *Diálogo* — como já também no anterior — uma maior liberdade na exposição. Barros deixou aqui de evitar o recurso sistemático aos autores (o que veio, aliás, dificultar a destrinça das fontes da sua obra gramatical). Neste *Diálogo*, como já na *Ropica Pnefma* e no *Diálogo sobre preceitos morais,* João de Barros não deixa de sublinhar ou comprovar as suas afirmações com a autoridade dos Antigos.

Neste seu *Diálogo* com o filho António, em cuja educação tomou certamente parte activa, João de Barros começa por se referir ao carácter

[85] *Ibid.,* p. 174.
[86] *Diál. da Viç. Verg.,* p. 180.

apendicular em relação à *Gramática* desta sua obra: «E nisto farei ô pera que pedia estes cadérnos de gramática, que éra escrever algũa cousa morál pera doutrinár ôs de tua idáde [87].»

Em seguida, define as diferentes espécies de *vergonha*, em relação à sua origem, causas e efeitos morais e sociais, a partir dos três conceitos latinos para os quais não encontra correspondência em português: *pudor, verecundia, erubescentia.* A exemplificação, amplamente colhida na vida real e na literatura, conduz à seguinte conclusão: «No mál, a vergonha é louváda e no bem, repreensível [88].» Alude, de passagem, ao problema da responsabilidade: «Que culpa tem os hómens nos defeitos da natureza [89]?»

O seu diálogo com o filho dá-lhe ocasião para responder indirectamente a censuras que lhe terão sido feitas pelos seus contemporâneos (talvez a propósito da *Ropica Pnefma*) por, sendo leigo, ousar entrar na discussão de problemas de ordem religiosa e moral, mais especificamente da alçada de eclesiásticos. Pergunta António: «[...] plantár doutrina católica é permitido a todos, ou aos saçerdótes sòmente [90]?» Justifica-se João de Barros com exemplos ilustres, na Antiguidade e Idade Média, de homens que se ocuparam de problemas e assuntos alheios ao seu estado. E conclui, ainda pela boca de António, que faz, por assim dizer, o sumário das reflexões de seu pai: «Paréçe que menos autoridádes bastávam pera os hómens sentirem quanta obrigaçám tem de ensinár a doutrina de Cristo, prinçipàlmente aos filhos [91].»

A firmeza, a gratidão, a indulgência para com os outros são alguns dos conceitos morais que se desenvolvem ao longo do *Diálogo*, cada vez mais cingido à letra do Evangelho e da palavra de Cristo. A última parte dele, com efeito, aproxima-se, até, do tom da homilia moral e as intervenções de António tornam-se mais raras, enquanto o pai dá larga expansão às suas reflexões morais e cristãs.

A primeira edição do *Diálogo da Viçiósa Vergonha* é de 1540, de Luís Rodrigues. Apresenta o mesmo frontispício da *Gramática* e é cons-

---

[87] *Ibid.*, p. 180.
[88] *Ibid.*, p. 186.
[89] *Ibid.*, p. 190.
[90] *Ibid.*, p. 202.
[91] *Ibid.*, p. 206.

tituído por vinte e nove fólios ocupados pelo texto que termina no verso do último.

A segunda edição faz parte da *Compilaçám* de 1785, e é o último texto do volume de que consta a *Cartinha*, a *Gramática*, o *Diálogo em louvor da nóssa linguágem*, conforme a intenção primitiva do autor.

11. Tentando reconstituir o *corpus* de opúsculos pragmaticamente destinados a uma pedagogia, quase diríamos escolarizada, referiremos ainda o *Diálogo sobre preceitos morais com dous filhos seus*[92]. Quando I. Révah publica no seu artigo «Deux ouvrages rarissimes de João de Barros à la Bibliothèque Nationale de Rio de Janeiro»[93], formula um voto que só agora, de modo satisfatório, se viabiliza: «Il serait bon de fournir une édition en facsimile de cet exemplaire imparfait, pour le moment unique de son espèce.»

Com efeito, a edição *princeps* desta obra de João de Barros foi, até à revelação de Révah, considerada como perdida, já que apenas se conhecia a 2.ª edição, de 1563, aliás também extremamente rara, feita por João da Barreira. Posteriormente, porém, José da Silva Terra revela (e publica) a existência de um exemplar da edição de 1540, constante do fundo português da Biblioteca Municipal de Ruão[94]. Nessa apresentação, o autor refere-se às possíveis fontes doutrinárias que subjazem à obra de João de Barros, nomeadamente às suas relações com a obra de Lefèvre d'Étapes, que constituiu o tema da sua comunicação ao Colóquio Internacional de Estudos Humanísticos (Tours, 1978).

O exemplar pertencente à Biblioteca Nacional de Lisboa provém do Fundo Vilhena e foi publicado em edição fac-similada na colecção dessa instituição (1982). Diferentemente da 2.ª edição (1563), não contém no rosto o nome do seu autor, João de Barros.

O *Diálogo sobre preceitos morais* faz parte do *corpus* pedagógico didáctico, parte talvez de um projecto mais amplo, a que, por diversas vezes, João de Barros alude. Entre 1539 e 1540, talvez motivado pela idade dos filhos de quem foi também o mestre, João de Barros em-

---

92 Esta nótula é inédita.
93 *Boletim Internacional de Bibliografia Luso-Brasileira*, I (1960), pp. 204-214.
94 O desenvolvimento desse estudo vai acompanhar proximamente uma edição comentada do presente texto.

preende a publicação de uma sequência articulada de opúsculos de que o primeiro foi a *Cartinha para aprender a ler* e o último o presente *Diálogo*. À *Cartinha* seguem-se, como natural sequência e com pequeno intervalo, a *Gramática da Língua Portuguesa*, o *Diálogo em louvor da nóssa linguágem*, o *Diálogo da Viçiósa Vergonha* e o *Diálogo sobre preceitos morais* [95].

Se as três primeiras obras cobrem a área específica da aprendizagem das letras e da língua, despertando para uma consciência românica e linguística, as duas últimas ampliam consideravelmente os objectivos pedagógicos do autor e cobrem a área da formação humana e moral. O próprio autor o diz: «Porque, depois que os mininos sáem das lêteras, que é o leite de sua criaçam, coméçam a militár em costumes pera que lhe convém ármas convenientes aos víçios naturaes de sua idáde [96].»

Este *corpus* pedagógico-didáctico, porém, não corresponde inteiramente às intenções várias vezes expressas pelo autor. Efectivamente, é o próprio João de Barros que nos informa quanto ao projecto, porventura inacabado ou em parte perdido, que havia concebido como uma unidade: «E a estes preçeitos gramaticáes e diálogo da viçiósa vergonha [...] quiséra ajuntár outros dons, ũ da viçiósa verdáde e outro déstas duas palávras *Si, Nam* [97].»

A forma de discurso utilizada nas três últimas obras do *corpus* e também a utilizar nas que não terá chegado a realizar é a *forma dialógica*, a qual se lhe apresentava como pedagogicamente mais apta para o ensinamento e a doutrinação. Aliás, o *diálogo* era uma das formas preferidas na didáctica do Humanismo, como uma das heranças formais da cultura antiga. E se, para além das obras em referência, João de Barros utiliza o *diálogo* nos seus trabalhos de pensador filosofante, isto é, no *Diálogo Evangélico* sobre os *Artigos da Fé contra o Talmud dos*

[95] As quatro primeiras obras mencionadas foram publicadas em edição fac-similada, seguida de leitura por Maria Leonor Carvalhão Buescu, Faculdade de Letras, Lisboa, 1971.
[96] *Diálogo da Viçiósa Vergonha*, ed. cit., p. 412.
[97] *Diálogo em louvor da nóssa linguágem*, ed. cit., p. 390.

Judeus [98] na *Ropica Pnefma* [99], a verdade é que o diálogo «pedagógico» do *corpus* escolar se apresenta diferentemente organizado. Nos diálogos do *Louvor...*, *Viciósa Vergonha e Preceitos morais,* os interlocutores são sempre os filhos, e na própria anotação dialógica o autor denomina-se *pai.* Assim, estamos talvez em presença de um falso diálogo hierarquicamente organizado e bloqueando, de certo modo, uma oposição dialéctica que seria o postulado da própria orgânica do *diálogo* como tal [100].

Um estudo desta obra curiosíssima — até pela sua concepção gráfica, condição de precariedade, na medida em que supõe o recorte das peças para montagem do jogo — levaria porventura a uma elucidação indispensável da verdadeira dimensão cultural, filosófica e humanística do autor. Por limitações de espaço, apenas revelamos dois ou três aspectos que mereceriam uma averiguação aprofundada:

1) A análise das fontes explícitas (Catão, Esopo, Homero, Apuleio, Xenofonte) e implícitas (Lefèvre d'Étapes e outros, talvez mesmo o Abade Joaquim, através das suas *Figurae)*;

2) O contexto sócio-cultural implícito na quase insólita relação entre Caterina, filha do autor, e a infanta, e no emprego simultâneo, se bem que discriminatório, do latim e do português;

3) O significado simbólico do grafismo utilizado no texto e que nos parece ir além da simples ornamentação puramente estética. Particularmente, parece-nos extremamente significativa a concepção da *árvore das virtudes e dos vícios* que, embora proveniente de uma tradição de origem plural, pela sua concepção «espinal», poderá apontar especificamente para uma tradição cabalística.

---

[98] Diálogo composto por 1543, editado sôbre o manuscrito pela primeira vez por I. S. Révah, Lisboa, 1950.

[99] 1.ª ed., Lisboa, 1532, cuja edição moderna se deve também a I. S. Révah, 2 vols. (dos 3 anunciados), Lisboa, 1952 e 1955.

[100] Cf. LUCIANA STEGAGNO PICCHIO, *in* João de Barros, *Diálogo em louvor da nóssa linguágem,* Modena, 1959, pp. 91-92.

Eis porque julgamos que a edição, em boa hora dada ao público pela Biblioteca Nacional de Lisboa, constituirá, antes de mais, um instrumento estimulante e o porto de partida para a elucidação de esquemas mentais do Humanismo Português porventura ainda mal esclarecidos.

12. Segundo a opinião generalizada, enunciada já por Carolina Michaëlis [101], verifica-se, durante a Idade Média, uma estagnação ou mesmo um retrocesso no estudo da Gramática.

Às brilhantes antecipações gregas, a quem a Gramática interessava em si mesma e como um caminho para chegar a conclusões de enunciado lógico, sucede-se a Gramática Medieval, incluída no *trivium*, reduzida a um carácter especulativo e restringindo-se ao estudo da única língua gramaticalizada conhecida: o Latim. É esse o aspecto que os humanistas da Renascença, e em particular do século XVI, atacam, sobretudo nos gramáticos medievais: a «grammatica speculativa» aplicava-se exclusivamente ao latim e estava longe de poder transformar-se numa gramática universal [102]. Essa «grammatica speculativa», à qual Barros se refere num tom em que podemos distinguir certo matiz depreciativo e até polémico [103], está, pois, longe de revestir a imagem da realidade, que a exactidão e o rigor penetrante dos humanistas tentarão conferir-lhe de novo. A própria designação «speculativa» denota a concepção de que tal tipo de conhecimento gramatical somente serve para *reflectir*, como um espelho, a realidade por essa via inacessível nas suas verdadeiras dimensões.

Não obstante, datam da Idade Média as primeiras tentativas para a gramaticalização de algumas línguas vulgares: a de *Aelfric* (século X) [104] e a do anónimo islandês (século XII), cuja gramática pode considerar-se o primeiro tratado de uma língua românica [105].

---

[101] *Lições*, p. 139.
[102] Cf. KUKENHEIM, *Esquisse*, p. 17.
[103] *Gram.*, p. 135.
[104] Monge anglo-saxão (c. 955-1020) autor de numerosas obras, das melhores da antiga literatura anglo-saxã.
[105] É curioso referir a tríplice alusão de Barros a Carlos Magno, «autor» de uma gramática da língua alemã: «Carlo Mano que compôs em árte a língua dos alemães

Segundo Maurice Leroy [106], «é preciso esperar pelo século XVI para ver, na intensa fermentação intelectual que caracteriza essa época, criar--se um clima favorável a um estudo linguístico sério». E o mesmo autor acrescenta: «Des voyageurs, des commerçants, des diplomates, rapportent de leurs expériences à l'étranger quelques notions sur les idiomes jusqu'alors totalement inconnus [107].»

Efectivamente, é curioso notar, como acentuámos no capítulo sobre Barros historiador, que nas *Décadas* o humanista português não perde oportunidades para *comparar* os factos linguísticos exóticos com os portugueses e até com os de outras línguas mais familiares [108]. É, sem dúvida, uma atitude oposta em relação à «grammatica speculativa», atitude na qual o próprio João de Barros insiste ao considerar a sua obra como *arte, preceitiva* e não *especulativa*. Nesta posição, coerentemente mantida em relação ao latim, como veremos, Barros é já um gramático *antimedieval*.

A gramática moderna, normativa, aplicada aos falares actuais e nacionais, aparece-nos, por consequência, como uma das grandes criações renascentistas. Nessa criação, de que, entre nós, o grande obreiro foi, sem dúvida, João de Barros, distinguir-se-ão principalmente os seguintes problemas:

1) Gramaticalização da língua vulgar;
2) Posição dos gramáticos em face do latim, do grego, do hebraico, do mourisco e das outras línguas estrangeiras;
3) O problema ortográfico.

---

e ũa retórica latina.» (*Diál. da Viç. Verg.*, p. 202); «[...] absolva-nos Carlos Magno com ũa Arte de Gramática que compôs em língua alemã» (*Dec.* IV, p. 7); «E Carlo Mano, à imitaçam destes, também compôs a língua alemã em árte e lhe deu nome novo aos meses.» (in *Diálogo em louvor...*, p. 170). Stegagno Picchio identifica a fonte deste passo em VITA KAROLI, *Mon. Germaniae Hist., Scriptores*, ed. de G. Perts, Hannover, 1929, II, pp. 426-643. Cf. *Diálogo em louvor...*, edição de Stegagno Picchio, Modena, 1959, p. 104.

[106] *Les Courants...*, p. 8.
[107] *Ibid.*, p. 8.
[108] Entre os numerosos textos recuperáveis, de carácter semelhante, note-se a curiosa lista num apêndice ao Roteiro de Vasco da Gama, de que constam vocábulos e frases em malaialim (linguagem de Calecut). Cf. *Diário da Viagem de Vasco da Gama*, B. H., Série Ultramarina, n.º IV, Livraria Civilização Ed., Porto, 1945.

Alargando o ideal pré-esboçado por Petrarca, ao abandonar o latim pela língua toscana, concretizando o movimento de reabilitação das
línguas românicas, empreendida por Sperone Speroni, Valdés e Du
Bellay, os Gramáticos quinhentistas aspiram a dar à sua língua a regularidade e a sistematização que os Alexandrinos haviam dado ao Grego
e os Gramáticos da época imperial ao Latim.

Visam, pois, conferir às línguas vulgares a dignidade e o prestígio
que as «defesas», «louvores» e «apologias» proclamavam. Essa dignidade e esse prestígio será tanto maior quanto mais rigorosa e exacta a
codificação das realidades gramaticais. Revestindo, pois, uma *finalidade
prática bem determinada* [109] os gramáticos do Renascimento, tendo embora presente o esquema elaborado nas Gramáticas das duas grandes
línguas clássicas, não se detêm nas subtilezas de categorias gramaticais
em que já haviam ingressado os Latinos; limitam-se a tentar estabelecer
princípios gerais, de ordem prática, afastados da especulação, de forma
a regularizar a anarquia que dominava o uso da língua e da ortografia.

Ao pretender forjar, para as línguas vulgares, uma regularidade
idêntica à das línguas antigas, os Gramáticos do século XVI estão, pois,
coerentes consigo mesmos, na medida em que o grande *leitmotiv* de
toda a actividade mental renascentista se concentra na dignificação das
nações modernas em paralelo com os povos da Antiguidade, sobretudo
com o povo Latino [110]. A «consciência linguística» vai, pois, a par com
a «consciência nacional», até mesmo com a «consciência imperial» e a
língua aparece-nos pela primeira vez considerada como o «espírito e a
alma» de cada nação.

Se, pois, no início do século, se observa que a Gramática vulgar
tem a finalidade eminentemente pragmática de *regular o uso*, nas últi-

---

[109] KUKENHEIM, *Contributions*, p. 149.
[110] Notemos a reflexão bivalente de J. de B. em que censura a primazia dada ao
antigo e ao *estrangeiro*, preconizando, pois, a valorização do *moderno* e do *nacional:*
«E também qualquér cousa pera ter preço ante nós, [h]á-de ser dita em grego ou latim,
ca ésta magestade tem o antigo e estrangeiro.» (In *Diál. da Viç. Verg.*, p. 228.) E ainda:
«Paréçe que já o mundo [h]á-de acabár nésta opiniám, de estimár máis o antigo que
c modérno, máis o passádo que o presente, e máis o estranho que o naturál.» (*Ibid.*,
p. 230.)

mas décadas verifica-se que esse objectivo inicial foi já substituído por outro mais nobre e mais gratuito.

Observa-se, por conseguinte, que a *Gramática* de João de Barros se insere no movimento cultural europeu que abrange todo o período de quinhentos. A data da sua publicação, quase a meio do século, é significativa; não vem antes nem depois do florescimento linguístico-filológico que marcou a época renascentista. Foi precedida e seguida das tentativas humanísticas dos gramáticos franceses, italianos e castelhanos, e documenta a integração da actividade intelectual portuguesa na vida e na cultura do Ocidente europeu e a sua solidariedade com a tríade italiana, francesa e castelhana.

A observação da cronologia das Gramáticas italianas, francesas e castelhanas [111] mostra-nos que, aparte a primeira tentativa de Dante com *De Vulgari Eloquentia*, só a partir de 1495, com *Regole della lingua fiorentina,* se iniciam os esforços efectivos para a sistematização gramatical da língua toscana. Fortunio, em 1516, com a obra *Regole grammaticali della volgar lingua*; Trissino, cujas obras são publicadas entre 1524 e 1529; Bembo, em 1526; Carlino, em 1533; Sperone Speroni, em 1542; Tolomei, em 1545; Giambullari, em 1546; Dolce, em 1550; Varchi, em 1570; Bartoli, em 1584, etc., representam uma actividade que decorre por todo o século. Em Castela, depois de 1433 (Enrique de Villena com *Arte de trobar*) e 1449 (Santillana com a *Carta al Condestable de Portugal*), distingue-se Nebrija com a publicação da *Gramática de la Lengua Castellana* (1492) e das *Reglas de Ortographia...* em 1517; Valdés com o célebre *Diálogo de la lengua* (1535), Villalon com *Gramatica Castellana* (1558); etc. Em França, onde mais tardiamente começam a manifestar-se os primeiros gramáticos, encontramos como data de início 1509 com *Les Histoires universelles* [...], seguida de Robert Estienne, cuja actividade se prolonga desde 1526 até 1558, Meigret, de 1542 a 1551, Du Bellay, em 1549, etc. Notemos que há um notável acréscimo no ritmo da produção a partir da década de 40.

As gramáticas portuguesas, incluindo a obra ensaística de Fernão de Oliveira (1536), a de João de Barros (1539-1540) e a de Nunes do

---

[111] Cf. KUKENHEIM, *Contributions*, pp. 219-229.

Leão (1606), situam-se no centro do vasto florescimento europeu. Elas integram-se, por conseguinte, na fraternidade cultural que caracterizou o Renascimento europeu e manifestam a intensa e entusiástica actividade em torno de uma dupla finalidade: a codificação e a dignificação das línguas vulgares. A *Gramática* de João de Barros corresponde à primeira; o *Diálogo em louvor da nóssa linguágem,* à segunda.

13.　A codificação das línguas modernas do século XVI pressupõe o problema de «saber se já então se ministrava o ensino gramatical da língua materna» [112]. Cremos poder responder afirmativamente.

Fernão de Oliveira, com efeito, mestre dos filhos de João de Barros, parece levar-nos a admitir que entre os «homens de bom saber» se debatiam problemas de linguagem [113]; os ensinamentos gramaticais e estilísticos seriam feitos com base nas *cartinhas,* a que se daria também a designação de *Gramáticas,* cujas noções seriam desenvolvidas mais tarde ao sabor da inclinação, da competência e do saber de cada mestre. O ensino far-se-ia, com toda a certeza, a partir da Gramática Latina, tomada como ponto de referência e comparação. Admitido este condicionalismo, somos, pois, levados a pensar que, logo depois das primeiras letras, o jovem estudante quinhentista seria incitado a embrenhar-se no estudo da gramática latina, depois do que faria a transposição dos conhecimentos adquiridos para a língua materna.

João de Barros, contudo, aparece já como que envolvido no processo de uma alteração pedagógica que levaria, na segunda metade do século, a uma tendência — muito mais moderna, devemos dizer — para fazer preceder o estudo da gramática latina pelo estudo da gramática nacional:

F<ILHO>: [...] *se nam soubéra da gramática portuguesa ô que me vóssa merçê ensinou, paréçe-me que em quatro anos soubéra da latina pouco e déla muito menos; mas, com saber a portuguesa, fiquei alumiádo em ambas, ô que nam fará quem soubér a latina.*

P[AI]: *Eu quéro confirmár éssa tua verdáde, com testimunho dô que já vi em algũas escólas da gramática latina. Por os méstres nam*

---

[112] ANTÓNIO J. SARAIVA, *Hist. da Cult. em Port.,* II, p. 185.
[113] STEGAGNO PICCHIO, *Diál. em louvor...,* p. 5.

saberem as regras da nóssa lhe éra tam dificultoso achár as matérias da latina que tinham cartipáçios de latins em linguágem, por onde ôs dávam aos moços como frácos prègadores sermonários pera todo o ano.

F[ILHO]: *Nam se poderia insinar ésta gramática portuguesa aos meninos na escóla de ler e escrever, pois é leve de tomár, e d'aí iriam já gramáticos pera a latina* [114]?

Neste passo verifica-se visivelmente o aspecto de antecipação de um problema que só voltará a ser posto em termos nítidos por Verney [115].

Conceito semelhante, de resto, professa João de Barros em relação ao ensino e ao estudo da História. Coerente com a opinião expressa em relação ao ensino da língua e da gramática, ele preconiza a prioridade do conhecimento das coisas pátrias: «Por isso não louvamos muito os homens que dão razão de toda a história grega e romana e, se lhe perguntais pelo rei trespassado do reino em que vivem, não lhe sabem o nome, ainda que coma[m] os bens da coroa que o próprio rei deu a seu avô [116].» É de notar, porém, que essa mesma opinião, paradoxalmente, provém do exemplo antigo e da reflexão de Barros sobre a realidade de Roma: «[...] Túlio, Çésar, Lívio e todolos outros a que chamamos fonte da eloquençia, nunca aprenderam língua latina como a grega, porque éra sua naturál linguágem, tam comum ao povo romano como vemos que a nóssa é ao povo de Lisboa; mas soubéram a gramática déla. Ésta lhe insinou que cousa éra nome e quantas calidádes e figuras tinha [...] [117].»

Torna-se, pois, evidente que a obra gramatical de Barros se insere num complexo processo de renovação de conceitos. O «costume» começa a ser revisto criticamente e entra-se na encruzilhada ideológica em que o Espírito Moderno tenta destruir, nos seus últimos redutos, um medievalismo remanescente, se bem que já abalado nos seus fundamentos.

Circunstâncias históricas e sociais particulares virão depois atrofiar e deter — embora transitoriamente — esse impulso renovador.

---

[114] *Diálogo em louvor...*, p. 172.
[115] *Verdadeiro Método de Estudar*, Carta III.
[116] *Déc. III, Prólogo.*
[117] *Diálogo em louvor...*, p. 169.

14. No Renascimento, tal como em tantos outros campos da actividade espiritual, manifesta-se também o domínio da Linguística, como ciência nascente, um duplo aspecto contraditório. Na encruzilhada entre a Idade Média e os tempos modernos, os homens da Renascença dividem-se ou hesitam entre a aceitação dos moldes clássicos e a consciencialização de uma *existência românica*[118].

Efectivamente, e sobretudo entre os Italianos, a Gramática da Renascença[119] revela imediatamente a sua origem clássica pela importância atribuída à retórica e à prosódia e, ainda, pela ordenação das matérias gramaticais. Não pode, contudo, deixar de reconhecer-se que, desde os primeiros gramáticos, se observa a preocupação de *ajustamento* dos moldes clássicos às realidades italianas: tal é o caso das *Regole della lingua fiorentina* (1495, anónimo).

De modo idêntico, os castelhanos encaminham-se para tentativas semelhantes, nomeadamente com a *Gramática* de Nebrija, pelo que parece excessiva a afirmação de que «Nebrija es [...] um gramático del latín»[120]. Formado dentro de um estrito classicismo, em comunicação intensa com os gramáticos da Antiguidade, Nebrija soube, contudo, ou tentou, em certos casos, limitar a sua subserviência em relação à lição antiga.

Hesitantes, os Gramáticos e «protofilólogos» do Renascimento têm, não obstante, consciência de uma inexperiência que os impede de caminhar sem o fabordão dos Antigos.

Em consequência, a afirmação de que «João de Barros [...] defende a aproximação do português e do latim cujos filhos nós somos»[121], não pode ser tomada sem restrição, tendo em vista o contexto de toda a gramática. Para João de Barros, como para quase todos os seus contemporâneos, o latim aparece principalmente como: a) *ponto de referência*; b) *modelo de codificação gramatical;* c) *fonte de emprés-*

---

[118] Cf. a afirmação de EUG. ASENSIO (pref. de *Eufrosina*, pág. XLIII): «Las dos posiciones frente al latín están simbolizadas por Fernán de Oliveira (1537) y por Barros en el *Diálogo* [...].»

[119] Cf. KUKENHEIM, *Contributions*, pp. 107-170.

[120] NEBRIJA, *Gram. Cast.*, p. XXIX.

[121] MARIA ALICE NOBRE GOUVEIA, in *R. P. F.*, Coimbra, 1962-1963, p. 263.

timos vocabulares. Este tríplice conceito vai manter-se em muitos dos gramáticos dos séculos seguintes, até ao de novecentos.

«O que primeiro sobressai [...] dos seus escritos é a observância geral das normas clássicas. Observância tão insistente e tão fiel que, não atingindo apenas as definições, vai tocar a própria ordenação e a substância maior das matérias. [...]. Tanto é importante em Barros a influência greco-latina, sobretudo latina, que no estudo da flexão há o sistema curiosíssimo de se disporem os nomes por declinações, sistema que, por sinal, continuará mais tarde [122].»

Não obstante, e para além da ordenação, nomenclatura e definição, o conteúdo da *Gramática* parece colocar-nos perante uma realidade porventura desconcertante. O balanço entre os passos em que Barros alude à decantada «conformidade» com o latim e aqueles em que se refere à «desconformidade» entre o latim e o português, é favorável à segunda atitude. A latinização de Barros é, pois, segundo parece, mais formal do que essencial, preocupando-se ele mais em demonstrar diferenças do que em apontar identidades.

Para ele, a filiação latina da língua portuguesa e a conformidade desta com ela constituem, sem dúvida, títulos de nobreza e um dos motivos de louvor da língua portuguesa, patentes no *Diálogo*, mas não deixa de reconhecer a individualidade do Português em relação à língua--mãe. Com efeito, embora se refira à conformidade ou como argumento apologético [123] ou como ponto de referência (visto que, como vimos atrás, se pressupõe que a primeira língua estudada gramaticalmente era o Latim), Barros não se deixa cegar pela sua formulação de latinista [124].

---

[122] F. REBELO GONÇALVES, in *B. F.*, IV, 1-2, Lisboa, 1936, p. 7. O problema da «declinação» manteve-se, com efeito, até ao século passado, conforme o anónimo do *Desagravo* que se insurge contra a confusão entre preposição e desinência casual: «A Língua Portugueza admite declinação de nomes por meio de preposições, já com Artigo, já sem elle [...]. Se os Gregos e Latinos e outros designavão as differentes relações que o nome pode ter na expressão dos pensamentos, por meio de differentes terminações [...], nós designamos as mesmas relações por meio de proposições.» E acrescenta: «Isto hé o que até agora na Língua Portugueza se tem chamado declinar e a que nenhum Antigo nem Moderno tem faltado.» (*O Desaggravo da Grammática*, p. 11, in *Misc. VIII* do legado de Leite de Vasconcelos, Faculdade de Letras de Lisboa; ver *Bibliografia*.)

[123] «[A melhor e máis elegante das línguas] é à que máis se confórma com a latina.» *Diálogo em louvor...*, p. 163.

[124] Foi, lembramos, autor de uma *Gramática Latina*, precioso manuscrito iluminado existente na Biblioteca Nacional de Lisboa.

«Sam os módos àçerca de nós çinco como tem os latinos, *portanto,* seguiremos a sua órdem e termos [125].» Repare-se, pois, que, *só porque* existe real conformidade neste caso, Barros seguirá a «órdem e termos» dos latinos. A relacionação com o Latim é, pois, um meio pedagógico de facilitar a aprendizagem da *nova gramática*: «Nós tomaremos da nossa construiçám o mais necessário, imitando sempre a *órdem* dos Latinos, como temos de costume» [126]; «a nóssa linguágem compósta déstas nóve partes [...] que tem os latinos [...] à imitaçám das quaes, *por termos as suas pártes,* dividimos a nossa Gramática» [127].

Destes exemplos, que se multiplicam ao longo da *Gramática,* inferimos por conseguinte que o latim, ou melhor, a *Gramática latina,* é, antes de mais nada, o *modelo* e a *referência.* Modelo, contudo, também, de vernaculidade. Nas *Décadas,* com efeito, afirma: «[Afonso de Albu-querque] falava e escrevia muito bem, ajudado de algũas letras latinas que tinha [128].» Como meio de valorização da língua portuguesa, e por virtude da identidade famosa por que pugnaram quase todos os nossos humanistas, e que Valdés reivindicara para o Italiano — o latim apre-senta-se também para Barros como uma possível *fonte* de enriqueci-mento vocabular: «assi que podemos usár d[e] alguns termos latinos que a orelha bem reçeba» [129]. Vai mesmo ao ponto de exortar os seus contemporâneos à adopção de neologismos — processo já praticado pelas outras nações românicas: «Este exerçíçio, se ô nós usáramos, já tivé-ramos conquistáda a língua latina [130].» Esta atitude é idêntica à de André de Resende, ao censurar aqueles juristas (morosos) que evitam empregar latinismos e encerram a língua na estreiteza dos «idiotismos» lusitanos [131].

---

[125] *Gram.,* p. 96.

[126] *Ibid.,* p. 30.

[127] *Ibid.,* p. 60.

[128] *Déc.* II (ed. Hernâni Cidade), p. 461; também na *Déc.* III, p. 82, podemos vislumbrar a atitude de Barros perante o valor formativo do latim: «ensinam em língua antiga [dos Siames] que é, àcerca deles, como nós a língua latina».

[129] *Diálogo em louvor...,* p. 168.

[130] *Ibid.,* p. 168.

[131] *De Verborum Conjugatione,* Lisboa 1540; *apud* EUG. ASENSIO, in prefácio de *Eufrosina.*

Em contrapartida, a preocupação de Barros em individualizar a língua portuguesa por oposição à latina torna-se insistente pela repetição do processo comparativo: «nos quáes génerɔs repártem *os latinos os seus* [...]. *Nós, destes çinco géneros, temos sòmente dous* [...] [132].» «*Nós* não temos estes vérbos [que *os latinos* têm]. [...] Temos máis este vérbo *[h]ei [h]ás* [...] [133].» A oposição entre os factos latinos e as realidades românicas do português está, pois, bem marcada pelo uso constante do pronome *nós* que, acinte, contrapõe a *eles*, os latinos.

Verifica-se, por outro lado, que as principais inovações românicas em relação ao latim foram ou claramente discernidas ou, pelo menos, pressentidas por João de Barros:

— *a existência do artigo:* «artigo é ũa das partes da òraçám, a quál [...] nam tem os latinos» [134];

— *desaparecimento da declinação* [135]: «Ésta dificuldade máis é entre os latinos e gregos pola variaçám dos casos que àçerca de nós [...] porque toda a [...] nóssa variaçám é de singulár a plurár [136].»;

— *formação perifrástica dos graus de comparação:* «E antre *nós* e os *latinos* [h]á ésta diferença: *eles* fázem comparativos de todolos seus nomes ajetivos [...] e *nós* nam temos máis comparativos que estes: *maior, menór* [...], *milhór* [...], *piór* [...] [137].»;

— *redução das conjugações:* «Os *latinos* tem quátro conjugações; *nós, três* [...] [138].»;

---

[132] *Gram.,* p. 91.
[133] *Ibid.,* p. 93.
[134] *Ibid.,* p. 79.
[135] *Ibid.,* p. 80. Verifica-se que, embora J. de B. apresente uma «declinação», reconhece perfeitamente a diferença entre a declinação latina e a «variaçám» portuguesa; a disposição que utiliza para o estudo do nome e sua «declinação» não é mais, por conseguinte, que uma *formalidade* de efeitos pedagógicos, e não uma realidade linguística aceite pelo autor.
[136] *Ibid.,* p. 80.
[137] *Ibid.,* p. 71.
[138] *Ibid.,* p. 97.

— *diferenças entre a forma e o valor dos tempos verbais em relação ao latim*: «[...] alguns que os *latinos* tem de que *nós* careçemos» [139];

— *formação perifrástica de alguns tempos verbais*: «todalas outras máis pártes que os latinos tem, suprimos ou pelo infinitivo, à imitaçám dos gregos, ou per circunlóquio a que podemos chamar rodeo» [140]. Note-se que, no entanto, não distinguiu a formação perifrástica do futuro e do condicional — como lucidamente fizera Nebrija; contudo, a designação *rodeo* é do gramático castelhano;

— *formação perifrástica da voz passiva*: «E, porque nam temos vérbos da vóz passiva, suprimos este defeito per rodeo (como os latinos fázem nos tempos que lhe faléçe a vóz passiva) [141].»;

— *desaparecimento da noção de quantidade*: «[...] os latinos e grégos sentem milhór o tempo das sílabas por cáusa do vérso do que ô nós sintimos nas tróvas, porque cási espéra a nóssa orelha o consoante que a cantidade, dádo que â tem» [142];

— *existência de aumentativos*: «Destes nomes gregos e latinos nam trátam em suas gramáticas por ôs nam terem [143].»

De modo semelhante, e sem cegueira afectiva em relação ao latim, Barros não deixa de condenar e até ridicularizar o emprego pedante de construções latinas que o espírito da língua portuguesa não suporta: «Cacosinteton quér dizer má composiçám, a quál cometemos quando, per maneira de elegância, alguém ordena a linguágem segundo o latim jáz, como ũa òraçám a quál eu vi tiráda em linguágem per um letrádo que se prezára de eloquente [144].

---

[139] *Ibid.*, p. 105.
[140] *Ibid.*, p. 98.
[141] *Ibid.*, p. 92.
[142] *Ibid.*, p. 63.
[143] *Ibid.*, p. 71.
[44] *Ibid.*, p. 129.

Finalmente, e embora não me atreva à radical afirmação de Kuken-heim [145], creio poder concluir-se que, para Barros, o binómio português-latim se põe, antes de mais nada, de uma forma esclarecida e consciente em relação à realidade românica que vai definir-se a partir desse momento.

A posição perante o Grego é bastante mais esbatida e as referências a essa língua aparecem, sobretudo, com o significado de:

1.º Reforçar as referências latinas: «Ésta dificuldáde máis é entre os latinos e os gregos [...] [146].»;

2.º Esclarecer etimologias: *«articulus,* diçam latina deriváda de *arthon,* grega, que quér dizer juntura de nervos» [147];

3.º Substituir as referências latinas quando estas não se encontram: «Todalas outras máis pártes que os latinos tem, su-primos ou pelo infinitivo, à imitaçám dos gregos, ou per çircunlóquio [148].»

15. O problema da influência do «mourisco» põe-se, como é natural, de modo especial para as línguas peninsulares. As referências, e adopções, por conseguinte, de inovações ortográficas, como o uso da cedilha, atribuídas ao influxo árabe, aparecem esporadicamente nos gramáticos franceses e devem-se, provavelmente, a influências castelhanas [149].

Dentro da Península, porém, verifica-se uma diferenciação bem marcada entre a atitude nitidamente antiárabe de Nebrija e a posição mitigada e, talvez, mais objectiva de João de Barros em relação a esse problema.

Dois aspectos fundamentais se distinguem na forma por que Barros encara a influência árabe, à qual ele atribui por um lado certas tendências articulatórias e ortográficas em que o Português se afastou

---

[145] «L'idéal que les philologues patriotes se proposent est donc de battre en brèche de latina.» *Contributions,* p. 199.

[146] *Ibid.,* p. 80.

[147] *Ibid.,* p. 79.

[148] *Ibid.,* p. 98.

[149] KUKENHEIM, *Contributions,* p. 51.

do Latim, língua-mãe, e, por outro lado, a origem de certos vocábulos de etimologia não latina.

Para o primeiro caso, citaremos a explicação da grafia ç e da respectiva pronúncia, que Barros sente como nitidamente árabe: «Nós paréçe que [h]ouvemos éstas lêteras dos mouriscos que vençemos [150].» «Temos ésta lêtera ç que paréçe ser inventáda pera pronunciaçám hebráica ou mourisca [151].» O mesmo se passa em relação às palatais ch e x, que se devem, segundo Barros, à mesma influência: «Este [o tempo] nos deu xa e cha dos mouriscos [152].» «A quál figura [antítesis] é, àcerca de nós, mui usáda, prinçipàlmente nesta lêtera x, que tomamos da pronunciaçám mourisca [153].» É importante verificar que também não passou despercebida a João de Barros a origem dos nomes árabes articulados em al: «Todolos que começam em al e em xa e os que acábam em z, os quáes são mouriscos [154].»

Para o segundo caso, isto é, como fonte de adopções vocabulares, citaremos ainda as palavras do autor quinhentista: «O outro [conselheiro do rei de Malaca] havia nome Lacsamava, que era Capitão Gèral do mar, ao modo que, àcerca de nós, é o almirante, ofício trazido a nós do uso dos arábicos [155].» «[...] A terra a que cá, per vocábulo arábico, chamamos leziras [156].» «[...] neste reino, cujas rendas se encabeçou em almoxarifados, vocábulo mourisco, mais que natural português» [157].

Quanto à língua hebraica, não me parece que Barros tivesse admitido uma possibilidade de influência. Da exemplificação colhida, com efeito, infere-se que o hebraico era para o gramático apenas um termo

---

[150] *Ibid.*, p. 147.
[151] *Ibid.*, p. 62.
[152] *Diálogo em louvor...*, p. 169. Observe-se que estes passos parecem estar parcialmente em desacordo com o que J. de B. dirá mais tarde: «E, porque esta sílaba, *chi*, não corre muito na boca dos arábios e párseos, e é-lhe mais corrente na sua língua estoutra, *ci*, por terem duas letras no seu alfabeto que querem imitar a ela na prolação, as quais são *cine* e *xinu*, mudando *chi* em *ci*, chamaram à Ilha Ceilão [...] Cilan.» (*Déc.* III, ed. Hernâni Cidade, p. 57.)
[153] *Gram.*, p. 125.
[154] *Diálogo em louvor...*, p. 167.
[155] *Déc.* II (ed. Hernâni Cidade), p. 175.
[156] *Déc.* II (ed. Hernâni Cidade), p. 189.
[157] *Déc.* II, p. 193.

de comparação, um ponto de referência quando faltava o paradigma latino: «Ésta dificuldade [de declinar] máis é entre os latinos e gregos pola variaçám dos cásos que àçerca de nós e dos hebreus [158].» «Os latinos conhéçem o género [...] uns pela significaçam, outros pela terminaçám [...]. Os hebreus per artigos e terminaçam [159].» «Este final nósso tem ali ofíçio do *mem çerrádo* dos hebreus, que é ũa das lêteras que eles chamam dos beiços [160].»; «temos algũas lêteras dobrádas à maneira dos hebreus» [161].

À maneira de, parece, pois, ser o motivo da presença da língua hebraica nas reflexões gramaticais de João de Barros.

16. Vem em primeiro lugar a castelhana como a mais perigosa rival do português, obstáculo para o prestígio que queriam vê-la alcançar os grandes paladinos quinhentistas da língua.

Com efeito, embora raras vezes Barros se refira concretamente à língua castelhana, cujo prestígio como língua literária e de cultura foi crescente até meados do século XVII, sente-se que é, principalmente, visando essa rivalidade perigosa para o desenvolvimento da língua portuguesa que Barros constrói a apologia contida no *Diálogo.* Essa rivalidade era tanto mais aguda quanto os portugueses, incluindo Barros, tinham consciência da semelhança e quase identidade das duas línguas: «A sua língua [dos habitantes de Arguim] e escritura não é comum com os alarves da Berbéria e peró em tudo quase têm ũa conveniência como nós temos com os castelhanos [162].»

O *Diálogo,* bem como, afinal, a *Gramática,* visa, pois, secundária mas efectivamente, uma afirmação de individualidade da língua portuguesa em relação à castelhana. É dentro desse escopo, com efeito, que Barros se preocupa em definir o que ele considera português vernáculo por oposição aos «empréstimos» castelhanos: «[...] este partiçípio, *sido,*

---

158 *Gram.,* p. 80.
159 *Ibid.,* p. 74.
160 *Ibid.,* p. 83.
161 *Ibid.,* p. 137.
162 *Déc.* I (ed. Hernâni Cidade), p. 43.

máis comum é aos castelhanos que a nós»[163]; «Mál e cál de moinho, paréçe que ôs [h]ouvemos de Castéla[164].»

Por conseguinte, embora difusamente, a atitude de Barros insere-se no conflito dos humanistas portugueses do século XVI, em relação ao bilinguismo literário, conflito que vai estender-se até ao século seguinte para encontrar solução no triunfo setecentista do português, libertado da influência directa da cultura castelhana e buscando a égide e o sustentáculo da francesa.

Na sua época, Barros é, certamente, solidário com a atitude de António Ferreira «da língua amigo», radical na condenação do uso da língua vizinha.

As restantes línguas europeias (o francês e o italiano), contudo, são para Barros apenas fugidios termos de comparação, quer de factos linguísticos, quer de atitudes a serem tomadas como exemplo pelos portugueses:

«Os françeses tomáram *Monseor,* os Italianos *Misser,* os aragoeses *Mossem.* E assi outras muitas nações»[165]; «mui estranha compostura é a françesa e italiana»[166]. Ou então: «deu-se tanto a gente castelhana e italiana e françesa às treladações latinas [...] que ôs fez máis elegantes do que foram óra [h]á çincoenta anos»[167]. Para além disto, Barros exclui da sua *Gramática* «para principiantes» quaisquer outros paralelismos. Não obstante, é curioso relevar a reflexão incluída na *Cartinha* sobre a possibilidade de conhecimento dessas línguas estrangeiras por parte dos moços portugueses: «Dádo que em nóssa linguágem nam sirvam algũas destas sílabas [...], nam me pareceo sem fruito poer exemplo délas, cá todas sérvem assi no latim como em outras linguágens[168].»

Muito mais extensas, variadas e interessantes são, a propósito das línguas que classificaremos de exóticas, as referências que ocorrem, na

---

[163] *Gram.*, p. 106.
[164] *Ibid.*, p. 83.
[165] *Ibid.*, p. 66.
[166] *Diálogo em louvor...*, p. 165.
[167] *Ibid.*, p. 167.
[168] *Cartinha*, p. 15.

obra de Barros, como definidoras de uma posição e de uma atitude «pré-
-comparatista» [169].

O fundamental, porém, da sua reflexão sobre essas línguas exóticas,
consiste no reconhecimento da *legitimidade* da aquisição de vocábulos
que entram no português através da actividade viageira dos portugueses
e se tornam «naturáes na boca dos hómens». Essa reflexão reforça as
afinidades que os humanistas portugueses se empenharam por demonstrar entre a Roma Antiga e Portugal: «[...] bem como os Gregos e
Roma haviam por bárbaras todalas outras nações estranhas a eles [...],
assi nós podemos dizer que as nações de África, Guiné, Ásia, Brasil,
barbarizam quando quérem imitár a nóssa». E observa: «[...] em
nenhũa párte da Térra se cométe máis ésta figura da pronunçiaçám que
nestes reinos, por cáusa das muitas nações que trouxémos ao jugo de
nósso serviço» [170].

O menosprezo que parece implícito nesta definição de barbarismo
está, contudo, em oposição com esta outra afirmação: «[...] nam [h]á
i glória que se póssa comparár a quando os mininos etíopas, persianos,
indios d'aquém e d'além do Gange, em suas próprias térras, na força
de seus templos e pagódes [...] aprendem a nóssa linguágem» [171].

Torna-se evidente, pois, que João de Barros considera a transmissão da língua como um sinal de vitória, ao modo por que os Romanos
o haviam feito: «[...] çérto é que máis póde durár um bom costume
e vocábulo que um padrám, porque, se nam préza máis leixár na India
este nome *mercadoria* que trazer de lá *beniága*, cá é sinal de ser ven-
çedor e nam vençido» [172]. Esta reflexão traz-nos perante um facto porventura revolucionário dentro do conceito tradicional de vernaculidade:
ao considerar o português em face das línguas exóticas, Barros admite
uma reciprocidade enriquecedora da língua nacional. Encara, com orgulho, o facto de os povos africanos e orientais aprenderem o português
e com ele a lei e os costumes. Mas também verifica, com humildade e

---

[169] Documentámos com exemplificação extraída das *Décadas* essa atitude no capítulo
«Historiador»: ver *supra* p. X e segs.
[170] *Gram.*, p. 123.
[171] *Diálogo em louvor...*, p. 171.
[172] *Ibid.*, p. 171.

singular abertura de espírito, que o português é alterado e influenciado pelas linguagens estranhas desses povos:

«E agóra, da conquista de Ásia tomamos *chatinár* por *mercadejár, beniága* por *mercadoria, lascarim* por *hómem de guérra, çumbaia* por *mesura* e *cortesia,* e outros vocábulos que sam já tam naturáes na boca dos hómens que naquélas pártes andáram, como o seu próprio português [173].»

Torna-se, pois, evidente que João de Barros considera essas línguas verdadeiramente como superstratos, ao mesmo nível das outras que constituem camadas mais importantes do vocabulário português: «temos [vocábulos] latinos, arávigos e outros de divérsas nações que conquistámos e com quem tivémos comérçio, assi como eles tem outros de nós» [174]. Em certos casos, até, Barros considera a preferência manifestada na língua pelos exotismos: «[animal] a que os gregos chamam *rinocero* e nós *ganda,* como lhe os índios chamam» [175].

Mais três línguas ocorrem citadas na obra de Barros, por ordem de frequência: o vasconço, o galego e o cigano. Segundo as palavras justas de Amado Alonso [176], Barros «ha buscado en el vascuence y en el gitano dos ejemplos extremos de jerigonzas y lenguas bárbaras [...] en contraste con las lenguas civilizadas». Acrescenta-se que no galego procurou, por outro lado, um exemplo de língua, pronúncia e grafia corrupta, de certo modo em oposição às regiões dialectais onde, segundo ele, o português nos aparece num estado mais perfeito de conservação.

Efectivamente, o vasconço aparece como o «exemplo extremo» mais marcante quanto à ininteligibilidade, à indisciplina e caos gramatical, à impossibilidade de redução a escrita: «a grande variedade de suas linguágens [dos habitantes das ilhas de Maluco] ca nam lhe chega

[173] *Ibid.,* p. 168.
[174] *Ibid.,* p. 167. Cf.: «Estes [*chatins*] são homens tam naturais mercadores e delgados em todo o modo do comercio, que acerca dos nossos, quando querem tachar ou louvar algum homem por ser mui sotil e dado ao trato da mercadoria, dizem por ele: — *É um chatim,* e por mercadejar, *chatinar* — vocábulo entre nós já mui recebido.» (*Dec.* I, p. 373); «a ilha Tamou a que os nossos chamam *Beniaga* que quer dizer mercadoria, vocábulo daquelas partes já tão recebido entre eles, que o tem feito próprio» (*Déc.* III, p. 89).
[175] *Déc.* III, p. 112.
[176] *O çeçeár çigano,* p. 2.

o vasconço da Biscaia, de maneira que um lugar se não entende com outro» [177]; «Todos [teólogos, filósofos, matemáticos, juristas, médicos] antre si trázem termos que nam sam latinos nem gregos, mas casi um vasconço [178].» Quanto à dificuldade de gramaticalizar e ortografar tal língua, diz: «ôs que fálam vasconço, que trócam umas lêteras per outras» [179]; «na língua castelhana muito melhór é que o vasconço de Biscáia e o çeçeár de Sevilha, as quáes nam se pódem escrever» [180].

Curiosa é a reflexão sobre a grafia do ditongo nasal final -ão, que no século XVI tendia a substituir am e om: «nam me pareçeria mál desterrármos de nós ésta prolaçám e ortografia galega [...]; ôs que pouco sentem [escrevem] agalegadamente poendo sempre o finál em todalas dições que acábam em am» [181].

Repudiando o «galego» e as grafias «agalegadas» que estão em vias de generalização, Barros opõe a vernaculidade de certas regiões conservadoras: «devemos muito prezár [...] nam sòmente os [termos] que achamos per escrituras antigas, mas muitos que se usam antre Douro e Minho, conservador da semente portuguesa, os quáes alguns indoutos desprézam por nam saberem a raiz donde náçem» [182]. Releve-se, nesta afirmação, talvez a primeira reflexão quanto ao conservadorismo de certas zonas dialectais.

17. Um dos problemas dos quais podemos considerar ligada a Gramática renascentista com a Gramática medieval é o problema da origem e diferenciação das línguas.

Assim é que os gramáticos da Renascença estão ainda muito próximos da interpretação literal da Bíblia e consideram o passo do Génese que se refere à criação de palavras por Adão como um passo de carácter directamente histórico. Parece, pois, que é por motivos religiosos que o hebraico, a língua do Antigo Testamento, é apresentado, a partir

[177] Déc. III, p. 262.
[178] Diálogo em louvor..., p. 166.
[179] Gram., p. 49.
[180] Diálogo em louvor..., p. 163.
[181] Gram., p. 84.
[182] Diálogo em louvor..., p. 168.

de S. Jerónimo, como a única língua primitiva — aquela de que Deus se serviu ao comunicar com a criatura.

Radicalmente diferente se apresenta, porém, para os gramáticos da Renascença, o problema da origem e evolução das línguas vulgares.

Nesse aspecto, podem considerar-se os gramáticos quinhentistas os verdadeiros precursores da gramática histórica[183]. Tal é a atenção que estes homens começam a dispensar ao problema, que podemos entrever na sua obra a fragmentária origem da gramática histórica como ramo especializado da ciência da linguagem.

Quase todos os gramáticos da Renascença estão de acordo na afirmação de que as línguas modernas nasceram do latim *corrompido* pelas invasões germânicas. Tal é a teoria implícita na obra de Dante *De Vulgari Eloquentia,* e mais tarde explícita nas de Alberti, Bembo, Speroni, Varchi, Nebrija e Barros.

O conceito de evolução está, porém, confundido ainda com o de corrupção: «este nome de *Presbiter* de que nós corrompemos *Preste*»[184].

Para Barros, como para a maioria dos gramáticos renascentistas, é, pois, ponto incontroverso e assente que a língua vulgar é um latim modificado:

1.º Quanto à pronúncia, por influência de outras línguas (sobretudo a linguagem dos Godos e o mourisco): «este [o tempo] nos trouxe a barbária dos Godos, este nos deu *xa* e *cha* dos Mouriscos»[185];

2.º Quanto ao léxico, pela adopção de vocábulos mouriscos, exóticos, castelhanos e de «outras nações».

Não deixa, porém, Barros de sustentar a primazia do fundo latino e desse modo indica a distinção que faz entre língua base e *superstrata*: para ele, pois, as línguas românicas tomam os seus vocábulos de diferentes origens, mas «prinçipàlmente da latina que foi a derradeira que teve a monarquia, cujos filhos nós somos»[186].

---

[183] KUKENHEIM, *Contributions*, p. 173.
[184] *Déc.* III, p. 166.
[185] *Diálogo em louvor...*, p. 169.
[186] *Ibid.*, p. 162.

18. «A la lecture des grammaires parues au cours du XVIᵉ siècle, on est frappé du ton d'ardent patriotisme [187].» Esta observação, que se apresenta evidente a todos os que se ocupem do estudo das ideias gramaticais quinhentistas, já se impusera no breve apontamento de Leite de Vasconcelos sobre o assunto: «Este período da história da nossa Filologia pode caracterizar-se pelo seguinte: preocupação, nos gramáticos, da semelhança da gramática latina com a portuguesa [...]; disciplina e autoridade gramaticais; o estudo cada vez mais profundo da lexicologia; e *sentimento patriótico da superioridade da língua portuguesa em face das outras, principalmente da castelhana* [188].»

Verifica-se, contudo, que esse tom de patriotismo acentuado de que se faz eco nas gramáticas europeias do século XVI parece estar ausente, ou, pelo menos, encontra-se diluído e mitigado na exposição gramatical de Barros. Considerando, porém, a *Gramática* intencionalmente aglutinada ao *Diálogo,* verificamos imediatamente que a objectividade pedagógica que Barros observou na *Gramática* excluía todo o entusiasmo que reservava para o *Diálogo,* seu complemento. Nele, finalmente, se propõe louvar «a nossa linguágem [...] com que léve máis ornáto que as régras gramaticáes» [189].

Tal sentimento patriótico objectiva-se e manifesta-se principalmente sob dois aspectos distintos:

a) Defesa e ilustração apologética da língua;
b) «Imperialismo» linguístico, isto é, consideração da língua como elemento de unidade, expansão e fixação de soberania.

A glorificação nacional da língua portuguesa, empreendida no *Diálogo,* constitui como que uma tomada de posição da parte de João de Barros na polémica que se esboçava entre os doutos portugueses de quinhentos. Efectivamente, a par da glorificação da língua, de que foi

---

[187] KUKENHEIM, *Contributions,* p. 198.
[188] *Opúsculos,* vol. IV, parte II, p. 865.
[189] *Diálogo em louvor...,* p. 157.

principal paladino António Ferreira, verificou-se também por outro lado um menosprezo pela língua natal [190].

Uma das tachas imputadas à língua portuguesa era a pobreza vocabular — que Barros rebate mas que, como bem observa Asensio, parece reconhecer logo a seguir — e a falta de ornato. António Pinheiro protesta, precisamente, contra «a falsa e vãa opiniám que da nossa lingoa muitos conceberam, tachando-a de pobre, não copiosa, dura, não ornada, injuriando-a de bárbara, grosseira» [191].

Barros coloca-se, pois, decididamente, entre os apologistas e defensores da língua, apontando sistematicamente todas as perfeições e belezas que se lhe apresentam e que podemos considerar o ponto de partida de todos os que desde então se ocuparam do elogio da língua.

Para a língua portuguesa Barros aponta e demonstra, principalmente, seis motivos de louvor:

— riqueza vocabular;
— conformidade com a língua latina e filiação nela;
— gravidade e majestade;
— sonoridade agradável;
— carácter abstracto;
— possibilidade de enriquecimento do vocabulário por meio de adopções e adaptações (sobretudo de latinismos).

Não podemos, contudo — e muito menos no caso português —, dissociar o nacionalismo do ideal unificador e expansionista.

Seguindo a lição dos Antigos, muito principalmente a dos Romanos, os homens do Renascimento concluem que a língua é, antes e depois de tudo, o mais importante elo entre os homens e um instrumento unificador: «La Renaissance avait appris aux peuples de l'Europe que les Grecs, ayant bien réglé leur langue, l'avaient introduite à Rome, et que les Romains, à leur tour, avaient imposé leur idiome aux

---

[190] Ver JERÓNIMO CARDOSO, *Elegantiarum Liber*, II, Lisboa, 1563 (sig. A, IIII) *apud* ASENSIO, prefácio de *Eufrosina*, p. XLII.

[191] *Apud* ASENSIO, *Eufrosina*, p. XLV.

peuples vaincus: c'est ainsi que les grammairiens en venaient à admettre qu'une langue bien codifiée est un excellent moyen d'expansion nationale [192].»

É o que Nebrija admiravelmente traduz na expressão: «siempre la lengua fue compañera del imperio».

Ora, enquanto nos restantes povos da Europa, sobretudo França e Itália, o objectivo dos gramáticos era unificar a Nação por meio da Língua, verificamos que tal finalidade não tem na Península o mesmo valor, dado que Portugal é, como sabemos, o país europeu de fronteiras fixas mais antigas, e que o problema da unidade espanhola, em vias de efectivação, era, de longe, superado pelo ideal expansionista que culminou com os Reis Católicos.

A codificação e, logo, a fixação de uma língua dignificada pelo uso e pela gramaticalização visavam, pois, a nosso ver, um objectivo mais lato, isto é, a «transmissão» da língua como instrumento de «imposição» da soberania além-fronteiras.

19. A Ortografia constituiu sempre um dos problemas mais delicados da gramática. O ortografista encontra-se perigosamente dividido entre a *tradição*, a *etimologia* e as *realidades fonéticas* que se submetem à sua observação. As fontes clássicas para o problema, ou melhor, para a problemática da Ortografia foram, principalmente, Quintiliano [193], Escauro [194], Vélio Longo [195], Varrão [196] e Prisciano [197]. Contudo, os gramáticos do Renascimento depararam, evidentemente, com realidades completamente diferentes das do latim. Por consequência, o apoio dos

---

[192] KUKENHEIM, *Contributions*, p. 202.

[193] MARCUS FABIUS QUINTILIANUS (século 1 d. C.): *De Institutione Oratoria*, obra-mestra da retórica clássica (ed. Meister, 1884).

[194] TERENTIUS SCAURUS (século II d. C.): *De ortographia, de adverbio, de praepositionibus* (*Gram. Lat.*, Keil, t. 7).

[195] VELIUS LONGUS (século II d. C.), autor de *De ortographia* (Keil, t. 7).

[196] MARCUS TERENTIUS VARRO (século I a. C.), autor de um tratado *De lingua latina* (ed. R. G. Kent, 2 vols., Col. Loeb, 1951).

[197] PRISCIANUS CÆSARIENSIS, gramático latino (n. século V-VI d. C.), autor de várias obras, a mais importante das quais, *Institutiones Grammaticae*, foi um dos grandes guias da gramática medieval (KEIL, ts. 2 e 3).

clássicos que, nos outros capítulos da gramática, havia sido tão forte
quanto útil e eficiente, revelou-se praticamente nulo neste aspecto e as
principais fontes clássicas gramaticais, se dificilmente poderiam ser
abandonadas, foram, contudo, submetidas a uma crítica e a sua doutrina
a inevitáveis adaptações.

O problema ortográfico, pois, mais do que nenhum, concentrava
a atenção dos protogramáticos do Renascimento, por não poderem
socorrer-se, nesse aspecto, do apoio consagrado e autorizado dos Antigos. Assim, muitas obras gramaticais do século XVI, não só em Portugal mas em Itália, França e Castela, dedicam-se em grande parte à ortografia: no problema ortográfico reside, com efeito, a mais importante
polémica gramatical, em que as opiniões divergem parcialmente e parcialmente se encontram, mas onde é difícil que se estabeleça verdadeiro
acordo.

Ora, se a primeira e mais relevante diversificação em relação ao
latim era, precisamente, essa substituição de valores linguísticos (*quantidade* por *timbre*), esse foi também o problema primeiro e talvez o
mais perturbante que se pôs aos gramáticos deste período [198]. Uma parte
deles é tentada pelo princípio fonético, com todas as consequências
que ele implica, enquanto outra parte se mantém fiel a uma base etimológica para a ortografia. Há, pois, fundamentalmente, dois partidos gramaticais: o partido histórico ou etimológico e o partido renovador ou
fonético.

As inovações ortográficas dizem respeito à *introdução de novos
caracteres* e ao emprego de *sinais* (acentos, cedilha, apóstrofe, notação,
em português, das consoantes palatais *nh, lh* e da africada *ch* que, aliás,
o uso e a tradição já haviam radicado no século XVI, etc.).

A começar pelos primeiros gramáticos italianos, assiste-se à pre-
conização insistente — embora por vezes receosa — de uma reforma
ortográfica. Contudo, enquanto os italianos desejam que a escrita siga
exactamente a pronúncia, a gramática espanhola mantém-se sóbria no
que diz respeito a inovações. Seremos, pois, levados, ao analisar de

---

[198] «En Italie et en France surtout cette question [d'orthographe] accaparait l'atten-
tion des grammairiens et l'on peut dire que les ouvrages de ce siècle sont en grande
partie [...] des manuels d'orthographe.» KUKENHEIM, *Contributions*, p. 12.

perto as sugestões de Barros, a admitir uma influência italiana que, temperada com o conservantismo nebrissense, coloca o nosso gramático numa posição intermédia e moderada.

A *Ortografia* de João de Barros não constitui uma obra autónoma, mas apresenta-se simplesmente como um capítulo com que remata o seu estudo, ou melhor, o seu *compêndio* de gramática portuguesa. De resto, João de Barros escusa-se de, seguindo um critério contrário à da maior parte dos gramáticos latinos e também de Nebrija, haver seguido essa ordem.

Trata-se, pois, de um capítulo apenas, de dimensões modestas e objectivos restritos, mas em que se distinguem três partes fundamentais:

1.ª Regras gerais de Ortografia (cinco regras, pedagogicamente concisas e propositadamente abreviadas);

2.ª Regras particulares de cada letra: neste parágrafo, João de Barros começa por considerar as vogais *A, e, E, I, Y, Ó, o, v, u*. Ocupa-se, em seguida, das consoantes: *B, C, DFPTXZ, G, H, L, M, N, Q, R, S*;

3.ª A Ortografia termina com algumas (breves) anotações sobre pontuação e cláusulas do discurso.

Para o caso português, três problemas fundamentais (além de outros que podem considerar-se secundários e também daqueles que o uso e a tradição já haviam estabelecido no século XVI) se punham:

1.º Perda da noção de quantidade e, em consequência, notação dos graus de abertura vocálica;

2.º Tentativa de abolição de *qu*, substituído por *c* e, em consequência, utilização de *ç* para a fricativa sibilante dental (talvez africana ainda no século XVI) em qualquer posição: *ça, çe, çi, ço, çu* a par de *ca, ce* (=*ke*), *ci* (=*ki*), *co, cu;*

3.º Distinção de *i* e *u* semivogais e consoantes *(i* e *v).*

Quanto ao primeiro problema, observa-se que as soluções apontadas por João de Barros parecem revelar uma origem italiana, embora temperada com um maior conservadorismo.

Efectivamente, os italianos enfileiram no que pode considerar-se o «partido revolucionário», tendendo para aproximar a grafia, o mais possível, da fonética da língua (princípio «fonético»); os franceses, com algumas excepções e, de certo modo, Nebrija, inclinam-se mais para a grafia etimológica, que é considerada como um brasão de latinidade.

Consideremos o problema da *definição* e *representação* das vogais abertas e fechadas.

A primeira gramática italiana (o anónimo de antes de 1494) apresenta já os seguintes signos:

$$e = \underset{.}{e}; \; \acute{e} = \underset{.}{e}; \; o = \underset{.}{o}; \; \hat{o} = \underset{.}{o} \;[199].$$

Trissino [200] voltará, em 1524 [201], a referir-se ao problema de *o* e *e* abertos e fechados, para os quais Tolomei [202] e Varchi [203] propõem o emprego de maiúsculas e minúsculas, respectivamente. Assim nos encontramos com a designação adoptada — e seguida por João de Barros — de **o** *grande* e **o** *pequeno;* **e** *grande* e **e** *pequeno* [204]. No entanto, **o** *aberto* **o** *fechado* e **e** *aberto* **e** *fechado* encontram uma representação em outros gramáticos (Trissino e Salviati [205]), por meio dos caracteres gregos ọ e ε. Quanto ao uso dos acentos para distinguir tais timbres, Trissino, em 1524, não o admite.

Entre os franceses, salvo Peletier [206], não há referências à diferença de timbre aberto e fechado e *o* e *e*; para os espanhóis, dada a natureza

---

[199] Cf. KUKENHEIM, *Contributions*, p. 37.

[200] GIAN GIORGIO TRISSINO (1478-1550). Na *Carta a Clemente VII* (1524) expõe as suas ideias sobre a reforma ortográfica.

[201] *Carta a Clemente VII*.

[202] CLAUDIO TOLOMEI (1492-1555), autor de *Versi e regole della nuova poesia toscana*, Roma, 1539.

[203] BENEDETTO VARCHI (1503-1565): *L'Ercolano*, composto no ano de 1562.

[204] Também, aliás, Fernão de Oliveira e Nunes do Leão se referem à designação de *grande* e *pequeno*, o que indica uma perfilhação ou pelo menos um conhecimento da doutrina de Tolomei.

[205] LEONARDO SALVIATI (1540-1589), *Avvertimenti della lingua* (1584 e 1586).

[206] JACQUES PELETIER (1571-1582), reformador ortográfico no *Dialogue de l'ortografe*. As suas reformas ortográficas desfiguravam de tal modo a grafia tradicional do francês, que muitos poucos o seguiram, e foi alvo das mais vivas réplicas.

da sua própria língua, tal diferenciação era um problema que não se punha.

As soluções propostas por João de Barros, por consequência, acusam uma forte influência italiana, na designação dos timbres aberto e fechado por *grande* e *pequeno*; embora na sua representação gráfica utilize o sinal ' sotoposto à vogal aberta para o caso de *e,* aproximando--se do critério de Peletier, aliás mais tardio. Poderemos talvez atribuir esse facto às condições especiais relacionadas com a composição tipográfica portuguesa de origem predominantemente francesa. Efectivamente, Barros utilizará o *acento agudo* e o *circunflexo* respectivamente para *o* aberto e fechado, e, paralelamente, para *a* aberto e fechado. Ao contrário, utilizará o diacrítico (vírgula invertida) para *e* aberto.

A grande inovação de João de Barros, no entanto, consiste na aplicação do mesmo critério ao *a,* o que não tinha efeito em nenhuma das outras línguas, visto que o timbre fechado de *a* é um dos traços típicos do vocalismo português. Diferentemente, também, ele utiliza o acento circunflexo, constituindo-se as *oito* vogais do sistema vocálico português correspondentes às *sete* italianas constantes da proposta ortográfica de Trissino.

O segundo problema apresenta-se com aspecto diferente, porque provém já de uma tradição latina, representada por Varrão e Quintiliano e também por Prisciano, Isidoro [207] e, de modo geral, os gramáticos que se ocuparam da ortografia. Trata-se do uso de *k, c* e *qu.*

Dos gramáticos modernos, Tolomei foi o primeiro a referir-se à questão, e a sua posição é seguida por quase todos os outros, incluindo Nebrija, que já em 1517 nas *Reglas* havia declarado a inutilidade do *k* e *qu* na grafia espanhola. Pelo contrário, Alexo Vanegas preconiza o uso tradicional de *qu.*

A posição de João de Barros insere-se, por conseguinte, no mesmo conceito, ao repudiar o uso de *qu,* que substitui por *c,* enquanto, con-

---

[207] St.º ISIDORO DE SEVILHA (560-636), autor da enciclopédia *Etymologiae,* a qual abre por um tratado de gramática.

comitantemente, preconiza o uso de *ç* para o som «ceceado» que ele pode assumir [208].

Outra das grandes «resoluções» ortográficas, de que seria herdeira a grafia moderna, consistiu na distinção de *l* (vogal e semivogal) e *J* (*i* consoante); de *u* (vogal e semivogal) e *v* (*u* consoante). Alberti [209] (1465) insistira apenas na distinção de *u* e *v*, mas Fortunio [210] apresenta já *v* e *j* para os valores consonânticos de *u* e *i*. Nebrija atribui decisivamente os valores actuais aos caracteres *v, u, j, i*. Implicitamente, considera como inútil o emprego de *y*, mas, depois de controvérsia, é a Robert Estienne que cabe o mérito de haver regularizado o uso de *y*, do qual se serve em palavras de origem grega e como segundo elemento dos ditongos *oy, ay, uy*. Segundo Kukenheim [211], o emprego de *y* é apenas, em França, uma questão caligráfica, e podemos admitir, dada a instabilidade do seu emprego e a inexpressividade do seu valor, que o mesmo sucede na grafia portuguesa. A posição de João de Barros, aliás, esvai-se numa concisão inabitual: «sérve no meio das dições *às vezes* [...]. E sérve no fim das dições *sempre»* [212], facto que aliás não se verifica com regularidade na sua realização ortográfica.

Apreciando em conjunto a posição de João de Barros em face do problema ortográfico, verifica-se que a maior parte das suas atitudes foram adoptadas mais tarde, passando pela aprovação de Duarte Nunes do Leão [213]. Exceptuam-se:

1) O emprego dos acentos como sinal de abertura ou fechamento (´ , ^);

2) O emprego de *ç* em todas as posições e de *ç* com valor de *k* ou *qu* (oclusiva velar surda).

---

[208] Meigreit diria: «j'ay aduisé que les Hespaignols ont ung ç crochu ou à queue, dont nous pourrons vser deuant toutes les voyelles, deuant lesquelles nous vsurpons le c en s, en escriuant de ça, ceçy façon»... (*apud* KUKENHEIM, *Contributions*, p. 50).

[209] LEON BATTISTA ALBERTI (1406-1472); *La prima grammatica della lingua volgare: la grammatichetta Vaticana Cod. Vat. Reg. Lat. 1370*, Bolonha, 1964.

[210] G. FORTUNIO (ca. 1470-1517): *Regole grammaticali*, Ancona, 1516.

[211] *Contributions*, p. 45.

[212] *Gram.*, p. 47.

[213] *Orthographia.*

São essas duas inovações de Barros (que o uso ulterior não confirmou) que conferem à sua ortografia um aspecto desusado, digamos até *experimental*, e que constituem uma parte da sua originalidade.

De modo geral, pois, e como conclusão, cremos que, se a restante parte gramatical da sua obra se inspira nos modelos latinos e em Nebrija, quanto à estruturação da matéria e definições — no que diz respeito à *ortografia* é tributária sobretudo dos Italianos e, possivelmente de um modo especial, de Trissino.

Com efeito, notemos a completa ausência de referências dos nossos quinhentistas aos Franceses e, pelo contrário, a exuberância de alusões e de reflexos dos humanistas italianos nas letras portuguesas do Renascimento. Em 1543 são editadas em Lisboa as *Obras* de Boscán (Boscão, na adaptação portuguesa). A carta de António Ferreira a Simão da Silveira é um documento importante e sincero da propagação em Portugal da escola italiana, a partir da data padrão de 1526, propagação que, aliás, não se faz sem notável entusiasmo [214].

20. Aponta-se geralmente a *Gramática de la Lengua Castellana* de António Nebrija como a principal fonte da de João de Barros.

Cremos, efectivamente, que a *Gramática* de Barros é, desde logo, a réplica portuguesa da de Nebrija. Barros conheceu e analisou certamente a obra do gramático castelhano e nela colheu muitos elementos que viria a aproveitar na sua obra. No entanto, não podemos admitir que a sua *Gramática* consista numa adaptação pura e simples da de Nebrija. Nesta encontra-se muito mais nitidamente a presença dos gramáticos latinos e uma rígida conformidade com o seu esquema gramatical — que não se encontra, como julgamos ter demonstrado, em João de Barros. Embora opulento de adaptações e interpretações reveladoras de um notável instinto linguístico, Nebrija é quase «um gra-

---

[214] «[Sá de Miranda] não cessa de louvar Ariosto, Sannazzaro e o Cardeal Bembo (*Obras*, p. 96, ed. 1804): «......... os amores / Tão bem escritos de Orlando / .... Os Assolanos / De Bembo, engenho tão raro / Nestes derradeiros anos, / C'os pastores italianos / Do bom velho Sannazzaro.» (Sá de Miranda, «Carta a António Pereira», ed. J. V. de Pina Martins, *Poesias Escolhidas*, Lisboa, Ed. Verbo, 1969, p. 99.)

mático do latim»: «Villalon écrit qu'il faut considérer la grammaire de Nebrija comme une traduction de la latine[215].»

Efectivamente, e para além da *quase* identidade do plano, o confronto dos dois textos revela profundas divergências que, como acentuámos, não excluem uma influência de Nebrija sobre Barros, mas vêm provar a existência de outras fontes — latinas, sobretudo — consultadas directamente pelo autor português.

Com efeito, além de divergências de pormenor, a ordem e disposição das matérias, a diferença na divisão das partes do discurso, etc., revelam a presença de fontes comuns aos dois grandes autores peninsulares e não uma restrita dependência de Barros em relação ao gramático castelhano. Vejamos:

— A expressão latina *scientia vel ars litteraria* é traduzida por Barros com *çiençia de lêteras,* enquanto Nebrija prefere traduzir por *arte de letras.* No início da *Gramática* do autor português insere-se o curioso *apólogo* gramatical do jogo de xadrez, que será retomado ao longo da gramática, ao tratar do *Nome e* depois ao tratar do *Verbo*[216].

— A Gramática de Barros é *preceitiva,* a de Nebrija *doctrinal,* o que documenta a intenção eminentemente pedagógica do autor português e a feição especulativa de Nebrija.

— A referência a Nicóstrata, inventora, segundo a lenda, do alfabeto, parece mostrar uma fonte diferente para os dois autores.

— Os capítulos II e III de Nebrija não têm correspondência em João de Barros.

— O valor das letras tem em Barros a designação de *ofíçio,* em Nebrija a de *força,* que reproduz mais de perto a designação corrente em latim: *vis.*

---

[215] KUKENHEIM, *Contributions,* pp. 144-145.

[216] O jogo do xadrez, que, ao que parece, gozava de grande popularidade no século XVI, merece a João de Barros um interesse tão especial, que o leva a uma longa digressão em que conta a lenda oriental da invenção do xadrez (*Déc.* II, pp. 177-180). Sobre a utilização alegórica deste jogo nas obras de João de Barros, ver José F. da Silva Terra, *L'édition princeps du* Dialogo de Preceitos Morais *de João de Barros,* in *Bulletin des Études Portugaises,* Lisbonne, N. S., 30, 1969, pp. 77-88.

— A definição de *prosódia (acento* ou *canto)* é muito semelhante nos dois autores, mas, por uma alteração no plano de Barros em relação ao de Nebrija, vem tratada em lugares diferentes da *Gramática.*

— O tratamento da sílaba é semelhante, mas enquanto Nebrija aí trata concomitantemente da acentuação, Barros adia esse assunto, fazendo o mesmo em relação à versificação, de que Nebrija se ocupa longamente. Barros passa sobre o assunto, justificando-se com a sua utilidade não ser imediata para os utentes da sua obra. Torna-se, pois, evidente que o autor português tinha presente a obra castelhana, mas não se obrigava a respeitá-la incondicionalmente.

— Uma das mais importantes divergências, porém, consiste no facto de que Nebrija considera *dez* partes no discurso; Barros apenas *nove.* Sendo precisamente este um dos problemas gramaticais mais debatidos, torna-se evidente que os dois autores seguiram critérios diferentes.

— Embora muito semelhante o capítulo do *Nome* nos dois autores, o de Barros apresenta-se mais extenso no que respeita ao estudo do nome próprio latino.

— Tal como Nebrija, e usando a sua terminologia, Barros inclui os *relativos* nos adjectivos; apresenta, contudo, exemplificação diferente.

— No tratamento dos nomes derivados, Barros apresenta *oito* modalidades, enquanto Nebrija apresenta *nove.* Evidencia-se neste capítulo uma diferença importante quanto ao método, proveniente, sem dúvida, de uma diferença de intenção (mais pedagógica em Barros, mais científica em Nebrija); Barros enumera e só a seguir explica; Nebrija enumera ao mesmo tempo que explica.

— Ao contrário do gramático castelhano, Barros inclui os nomes *gentílicos* nos *possessivos* e refere-se aos *superlativos eruditos,* aos quais Nebrija não faz referência. Verifica-se que os capítulos de Nebrija referentes ao *Nome* são em muitos casos diferentes dos de Barros, embora a substância seja a mesma. Nebrija desenvolve mais eruditamente o assunto dos *gentílicos,* distinguindo os nomes de *nacionalidade* e *naturalidade,* apoiado na opinião de Cícero. O capítulo dos *denominativos* é, por seu lado, muito mais extenso e completo em Nebrija.

— No capítulo *Dos nomes verbais*, das numerosas derivações incluídas por Nebrija, Barros só aponta duas categorias: os *regressivos* e os *derivados impróprios dos infinitos verbais*. Ao contrário, a citação de Pérsio em Barros parece ser uma tradução da de Nebrija, pois corresponde mais à versão castelhana do que ao texto latino:

Pérsio: *Tunc cum ad canitiem et nostrum istud vivere triste Aspexi...*[217].

Nebrija: *Despues que miré este nuestro triste bivir*[218].

Barros: *Depois que olhei o nósso triste viver*[219].

— A ordenação dos capítulos referentes ao *Nome* é diferente nos dois autores, mas semelhantes as definições de *nome simples* e de *nome composto*. A exemplificação é, contudo, diversa: Nebrija apresenta o aglutinado *compadre,* Barros o justaposto *guarda-porta.* A restante exemplificação de compostos é muito mais breve em Barros, que, no entanto, ao contrário do autor castelhano, *explica* a formação deles: *arquibanco* de *arca* e *banco*[220].

— Com ligeiras diferenças, os capítulos do *género* e do *número* são idênticos, embora a exposição do autor português se apresente menos discursiva e de feição mais pedagógica.

— No capítulo *Da declinação do nome* encontra-se uma divergência importante. Nebrija afirma claramente: «Declinación del nombre no tiene la lengua castellana[221].» Barros, por seu lado, começa por fazer uma introdução explicativa em que esclarece o seu conceito de declinação: «os *cásos* [...] govérnam a órdem da oraçám, mediante o vérbo»[222]. Neste capítulo aparece uma inovação gráfica muito curiosa, que consiste na utilização da *pilha de palavras* (não usada pelos gramáticos latinos nem por Nebrija) e que Barros vai manter ao longo

---

[217] PERSIUS, *Sat.* I, 9-10 (ed. A. Cartault, Paris, Les Belles Lettres, 1929).
[218] *Gram.*, p. 67.
[219] *Gram.*, p. 72.
[220] *Ibid.*, p. 73.
[221] NEBR., *Gram.*, p. 69.
[222] *Gram.*, p. 77.

da *Gramática*, tanto para as declinações como para a conjugação. Nesta parte da obra encontra-se uma ordem diferente na disposição das matérias. Nebrija trata de: 1.º *Declinações;* 2.º *Nomes irregulares;* 3.º *Pronome;* 4.º *Artigo.* Barros: 1.º *Nomes irregulares* (formação do plural); 2.º *Declinação;* 3.º *Artigo;* 4.º *Pronome.* Dá uma razão justa para a precedência do artigo sobre o pronome, considerando que o artigo é, na origem e em essência, um pronome.

— No início do capítulo dedicado ao estudo do *Vérbo*, João de Barros faz uma curiosa introdução (pedagogicamente correspondente a uma «motivação»), em que restabelece a imagem do xadrez, apresentada no início da *Gramática.*

Apesar de a essência dos capítulos ser, estruturalmente, idêntica, observe-se a diferença fundamental reveladora de uma tomada de posição relativamente ao problema da conjugação:

Diz Nebrija: «Verbo [...] *se declina* por modos i tiempos i numeros i personas [223].»

Diz Barros: «Vérbo [...] *nam se declina* [...] per cásos, mas conjuga-se per métodos e tempos [224].»

— A divisão dos subcapítulos confere, além disso, à disposição do autor português uma clareza maior, de acordo com o sistema expositivo observado no decorrer de toda a *Gramática.*

— Note-se, porém, que, enquanto lucidamente Nebrija reconhece a identidade dos dois tipos de futuro e condicional (*«io amare, tu amaras»*, que vale tanto como *io e de amare* [225]), Barros alude apenas às expressões perifrásticas: «Eu hei-de ler os livros», observando que «per ele suprimos o particípio futuro na vóz autiva, que os latinos tem, de que careçemos» [226]. É, pois, provável que a observação de Nebrija não tenha sido bem compreendida por Barros.

---

[223] NEBR., *Gram.*, p. 113.
[224] *Gram.*, pp. 91 e 97.
[225] NEBR., *Gram.*, p. 78.
[226] *Gram.*, p. 94.

— Também no capítulo referente às *Conjugações,* a disposição de Barros segue o critério pedagógico costumado, apresentando os tempos verbais inteiramente conjugados em «pilha», sistema que Nebrija só utilizará na última parte da sua obra.

Só depois da apresentação da conjugação, regular e correspondente à latina, é que Barros se ocupa dos «suprimentos per rodeo», ao passo que Nebrija o fez logo de início.

— Depois do *Vérbo* vem, na obra do autor castelhano, a *Preposição,* a seguir o *Advérbio* e finalmente a *Conjunção.* Barros segue uma ordem diferente, tratando do *Advérbio,* depois da *Preposição* e em seguida da *Interjeição.* Em contrapartida, a *Conjunção* só será tratada pelo autor português no lugar correspondente da *Sintaxe.*

— A ordenação da *Sintaxe* também revela algumas interessantes divergências entre os dois gramáticos. A distinção clara entre as duas noções sintácticas, fundamentais («Duas cousas aquéçem à construiçám: concordânçia e regimento») [227], pressupõe uma fonte diferente da exclusiva consulta da obra de Nebrija. Igualmente, a distinção entre *universais* e *acidentais* (regras de concordância) não se encontra em Nebrija.

— Os capítulos que se seguem são, similarmente, diversos. Em Nebrija encontram-se dois capítulos: *Dela construción delos verbos despues de si* e *Dela construción delos nombres despues de si.* Em João de Barros, por seu lado, encontra-se a seguinte ordem: *Do regimento dos vérbos; Dos vérbos impessoáes; Do regimento dos nomes; Do regimento do avérbio; Da preposiçám; Da conjunçám; Da interjeiçám.*

— Na parte dedicada às *Figuras de estilo,* muito diversa em ambos — mais completa e logicamente ordenada segundo espécies incluídas nas figuras fundamentais em Nebrija, e reduzida a uma enumeração seguida de breve definição e exemplo em João de Barros —, é curioso observar que a grafia do autor português é *adaptada* e a de Nebrija *etimológica: metátese* (Barros), *metathesis* (Nebrija), etc.

---

[227] *Gram.,* p. 116.

— Na última parte da sua obra, António de Nebrija faz como que um resumo sistemático, em que utiliza o sistema de «pilha» para a disposição da declinação e conjugação. Essa última parte da sua obra, como se indica no respectivo título, era destinada «para los que de estraña lengua querran deprenderla» [228].

Somos, pois, levados a supor que, ao fazer como que a condensação das «duas» gramáticas de Nebrija (a especulativa e teórica e a prática e sistemática), João de Barros teve antes de mais nada em vista a facilidade de aprendizagem dos moços portugueses e também daqueles «em que tanto obrou a língua portuguesa e que o amor déla ôs traz tantas mil légoas» [229].

Do cotejo pormenorizado das duas obras parece poder inferir-se que, embora tendo presente a obra-mestra do autor castelhano, seguindo-a e respeitando a sua doutrina, Barros se serviu de *outras fontes* que faziam, certamente, parte da sua bagagem cultural, e não desprezou também o fruto da sua própria experiência e reflexão.

Para além das ocasionais diferenças textuais — que não invalidam as numerosas convergências —, o ponto fundamental da oposição das duas obras está, ao que parece, num critério diverso dos dois gramáticos no que respeita ao capital problema ortográfico:

«Nebrija, malgré sa ferme intention d'être conséquent dans l'application de son principe («Nous devons écrire comme nous prononçons et prononcer comme nous écrivons») se trouve être dans sa *Gramatica* [...] aussi bien que dans ses *Reglas* [...] partisan de l'orthographe étymologique [230].» Ainda de acordo com Kukenheim, devemos reconhecer que «il est très sûr dans ses innovations». Ao contrário, João de Barros parece, como vimos, muito mais inclinado para as inovações ortográficas, embora prudentemente confesse que a força do uso impede muitas vezes a adopção de novas soluções que a razão parece impor.

É necessário não esquecer, com efeito, que o gramático português tinha já à sua disposição a obra de Bembo, posterior à de Nebrija

---

[228] NEBR., *Gram.*, p. 25.
[229] *Cartinha*, Prólogo.
[230] KUKENHEIM, *Contributions*, p. 19.

(1525), a qual certamente conheceu, e talvez as obras gramaticais da língua francesa de Barclay (1521), de Palsgrave (1530), de Dubois (1531), etc. Mais de meio século o separava do gramático castelhano — meio século de intenso labor cultural de uma Europa em pleno e fervoroso Humanismo.

Além das diferenças de conteúdo e de critério sumariamente apontadas, somos levados à conclusão de que, contudo, a fundamental divergência está no diverso conceito gramatical segundo o qual cada um dos dois autores elaborou a sua obra: um (Nebrija) é o gramático especulativo, o cientista da linguagem; outro (Barros) é o mestre e o pedagogo da geração dos seus próprios filhos.

Conclui-se, pois, que, apesar da proximidade do plano e do conteúdo das duas Gramáticas, a de Barros *não é uma tradução*, nem sequer *uma adaptação* da castelhana, mas uma *réplica* à iniciativa de Nebrija. A Gramática portuguesa é uma obra autónoma, e, sempre que as realidades linguísticas portuguesas se afastam das realidades castelhanas, Barros não se deixa arrastar pela sugestão do seu modelo, amplia a doutrina do mestre, com o recurso a outras fontes, reduz, mais frequentemente, onde lhe parece que a prolixidade viria prejudicar a clareza pedagógica da sua exposição.

A proximidade flagrante, em muitos casos, das duas obras, faz pressupor em Barros uma confiança e uma admiração pela obra gramatical do autor castelhano, que o leva a ter presente não só a *Gramática,* mas as *Institutiones Latinae.* Essa admiração não é extensiva, contudo, a Nebrija historiador, como se deduz da seguinte referência: «[...] calar os louvores de alguém ou notar suas tachas por ódio ou por comprazer a outrem, quanta Salústio perdeu na primeira parte, tanta culpa tem António de Nebrissa na segunda: Salústio, calando na sua história algũas cousas que davam louvor a Túlio, polo ódio que lhe tinha, posto que não pôde encobrir em que foi louvado; e António de Nebrissa, por comprazer, na Crónica que compôs de el-rei Dom Fernando de Castela, disse tais abominações de el-rei Dom Anrique e da rainha Dona Joana, sua mulher, que para *tão douto barão* fora mais seguro à sua consciência e nome por dizer, que ditas. E perdoe-me a sua alma porque melhor é que fique ele com esta nota de paixão ou complacência, que tais príncipes infamados per sua escritura» [231].

Se bem que seja inegável o conhecimento de João de Barros da obra de Nebrija; que seja evidente a influência do gramático castelhano sobre o português — é, contudo, de acentuar que:

1) A intenção imediata dos dois autores é totalmente diversa: à intenção erudita de um corresponde o escopo eminentemente prático e pedagógico de outro.

2) Muitas das coincidências dos dois textos devem-se a um património comum, constituído pelas gramáticas latinas, como, por exemplo: a definição de *Gramática, Etimologia, Nome,* etc., divisão entre *espécies* e *acidentes;* divisão das *partes do discurso* e da oração.

3) O texto de Barros torna evidente a consulta directa das fontes latinas, dos gramáticos italiano e, o que nos parece de grande interesse, das *Institutiones Latinae* do próprio Nebrija.

21. Excluindo Nebrija — sem dúvida a mais importante e a mais próxima fonte da obra gramatical de João de Barros, e os italianos, responsáveis, como vimos, por grande parte da sua «tese ortográfica» —, seguem-se os Gramáticos Latinos.

Na *Gramática,* João de Barros é surpreendentemente parco nas citações de autores que poderiam ser conducentes a uma destrinça das suas fontes [232]. Frequentemente, porém, refere-se à opinião dos «gramáticos», especificando até, por vezes, «gregos» e «latinos», mas não identifica o nome deles. Na *Gramática* cita apenas: Isidoro (uma vez),

---

231 *Déc.* III, *Prólogo.* O itálico é nosso.
232 Tal atitude encontra-se contrária à que segue em outras das suas obras, em que abundam citações e referências, nomeadamente nos dois *Diálogos* que se seguem à *Gramática* e nas obras de carácter filosófico. Parece-nos evidente que tal particularidade se deve à sua intenção expressa de não sobrecarregar um texto que deseja acessível e sóbrio de elementos fastidiosos ao espírito de meninos e moços.

Quintiliano (duas vezes), Aulo Gélio, Vitorino, Sérvio e Prisciano (uma vez). Além dos gramáticos, cita ainda uma vez o poeta Pérsio [233].

No *Diálogo em louvor* e no da *Viçiósa Vergonha,* as citações são mais frequentes, mas referem-se não só a gramáticos como a outros autores da Antiguidade: Ovídio, Aristóteles, Cícero, Heródoto, Horácio, etc. No primeiro *Diálogo* cita ainda Quintiliano e Vitrúvio. É curioso que, tanto no da *Viçiósa Vergonha* como no *Diálogo em louvor,* cita, como fizemos notar, uma pseudogramática de Carlos Magno, o que nos leva indirectamente a admitir o conhecimento da obra de Eginardo por João de Barros, que teria interpretado mal o respectivo passo, chegando à falsa conclusão de que a gramática havia sido da autoria do imperador [234].

Fazendo uma estatística das citações de João de Barros, chegamos à conclusão de que o autor mais mencionado é Quintiliano. A obra do retórico latino foi das mais conhecidas durante a Idade Média e encontra-se assinalada por Nebrija ao lado da de Varrão. Quintiliano exerceu uma vasta influência, e o complexo das suas ideias como que deixa já entrever o ideal renascentista de *homem perfeito* ou, antes, *aperfeiçoado,* por virtude de uma cuidada formação literária e humanística. O *homem perfeito* identifica-se, no conceito de Quintiliano, com o *orador perfeito.* Para ele, a gramática compreende a *ciência de bem dizer* e a explicação dos poetas.

Ora, desse duplo conceito, João de Barros — como Nebrija — retém apenas a primeira parte, definida por ambos, respectivamente, como «módo çérto e justo de falár e escrever, colheito do uso e autoridáde dos barões doutos» [235]. Esta constitui a gramática *preceitiva* de Barros, *doctrinal* de Nebrija. Parece-nos, pois, que a influência de Quintiliano é mais *formativa* do que *metódica.* No início da *Cartinha,* Barros, ao exemplificar toda a variedade teoricamente possível da formação de

---

[233] Note-se que a sua citação de Virgílio (*Gram.,* p. 133) é equívoca, visto que a referência feita no respectivo passo devia dizer respeito a Énio.

[234] Ver *supra,* p. XXXVII.

[235] *Gram.,* p. 59; Nebrija dirá por seu lado: «ciencia de bien i derechamente escrivir» (*Gram.,* p. 13).

sílabas, muitas delas inexistentes em português, justifica-se afirmando
que daí advirá a vantagem de as crianças perderem a *pevide*[236], e, não
poucas vezes, no decorrer do texto insistirá no seu propósito de abreviar,
facilitando a aquisição de conhecimentos aos jovens estudiosos.

O estudo das figuras de retórica, que corresponde a uma parte
substancial na obra, aliás curta, dos dois gramáticos peninsulares, é,
sem dúvida, de inspiração de Quintiliano, em cuja obra ocupavam,
como é óbvio, lugar relevante. A retórica, constituindo a base para o
estudo, explicação e interpretação dos autores literários, tinha, por consequência, uma feição eminentemente prática — pelo que, dentro do
esquema aristotélico da classificação das ciências (teóricas, práticas e
poéticas), ela entrava no segundo grupo.

É, pois, natural que, como *ciência prática,* ela fizesse parte da gramática de João de Barros, que, por tantas vezes, proclama a sua intenção e objectivos imediatos.

Na estruturação da ciência gramatical na transição da Idade Média
para o Renascimento, a obra de Isidoro apresenta-se do maior interesse.
Constitui, de certo modo, uma continuação da de S. Jerónimo, mas é
mais ambiciosa e encerra uma verdadeira *teoria geral* da literatura, sob
a forma de um esquema ordenado, que parte do fundamento de toda
a ciência e de todo o saber humano: a *língua,* ratificada e codificada na
gramática. Ora, a Gramática põe, como primeiro problema, o da origem
das línguas, que, ao que vimos, João de Barros retém, na sua interpretação isidoriana.

Muitos conceitos e definições da gramática se aproximam signifi-
cativamente das contidas no livro I das *Etymologiae.* É também coincidente o facto de que João de Barros tenha tratado o capítulo «Ortografia» no final da *Gramática,* ao contrário de Nebrija e de uma parte
dos outros gramáticos. Na obra de Isidoro, tal como na de Barros, a
ortografia é estudada *depois* das partes do discurso e *antes* das figuras.

No entanto, a única citação feita por Barros na *Gramática* não tem
correspondência na obra de Isidoro de Sevilha: manifesta apenas a opi-

---

[236] Expressão com que designa genericamente as características da linguagem infantil.

nião de Barros, considerando-o autoridade máxima no que respeita às etimologias: «[...] se quiséssemos buscár o fundamento e raiz donde viéram os nóssos vocábulos, seria ir buscár as fontes do Nilo. E, pois Isidóro nas suas *Etimologias* â não pôde achár a muitas coisas, menos â daremos aos nóssos vocábulos» [237].

A breve citação de Sérvio, ao lado da de Quintiliano, Gélio, Vitorino e Prisciano, não podia significar, com segurança, o conhecimento directo da obra do comentador de Virgílio. Demais, o carácter especializado da sua obra podia não deixar prever uma relação concreta e definida com a nossa gramática. No entanto, a análise do passo que diz respeito à *onomatopeia* [238], no capítulo *Das figuras,* certifica-nos de que Barros conhecia directamente a obra de Sérvio.

Segundo Kukenheim [239], é Prisciano que, com Donato, maior e mais profunda influência exerceu sobre os gramáticos do Renascimento. Com efeito, o cotejo sistemático da obra gramatical de Prisciano revela, desde o plano e divisão, uma notável identidade com a do nosso gramático, identidade também evidente com a de Nebrija. As definições e a estruturação da matéria são visivelmente as mesmas, talvez porque o seu didactismo se adequava ao espírito da obra do nosso gramático e simplificava a interpretação dos leitores. Com exclusão da *Ortografia,* que, como já vimos, deve muito aos italianos, e em especial a Trissino, a parte restante da *Gramática,* no que diz respeito ao plano e às definições, parece-nos tributária em parte de Prisciano, em parte de Isidoro de Sevilha [240].

---

[237] *Gram.,* p. 64.
[238] *Gram.,* p. 133.
[239] *Contributions,* pp. 143-144.
[240] Plano da obra de Prisciano (*apud* Keil, II, pp. 3-4): «Primus liber continet de voce et eius speciebus; de litera: quid sit litera, de eius generibus et speciebus, de singularum potestate, quae in quas transeunt per declinationes vel compositiones partium orationis. Secundus de syllaba: quid sit syllaba, quot literis constare potest et quo ordine et quo sono; de accidentibus singulis syllabis; de dictione [...]; de oratione [...]; de nomine: quid sit nomen, de accidentibus ei, quot sunt species propriorum nominum, quot appellativorum, quot adjetivorum, quot derivativorum; de patronymicis: quot eorum formae, quomodo derivantur, ex quibus primitivis; de diversis possessivorum terminationibus et eorum regulis. Tertius de comparativis et superlativis et eorum diversis extremitatibus: ex quibus positivis et qua ratione formantur; de deminutivis: quot eorum

22. As possíveis relações, ou o conhecimento que João de Barros possa ter tido da obra de Fernão de Oliveira, publicada quatro anos antes da *Gramática* daquele, suscitaram um problema de prioridade que já alguns têm debatido. O problema reside apenas no facto de Fernão de Oliveira ter afirmado que a sua obra foi uma *primeira anotação* da língua portuguesa e que a escreveu «sem ter outro exemplo» [241]. João de Barros declara, por seu turno, que foi o *primeiro que pôs a nóssa linguágem em árte* [242]. A nosso ver, contudo, não há colisão entre as duas afirmações. O próprio conceito de *arte* e *artista,* isto é, *técnica* e *mestre* de ensinar, parece esclarecer quanto à justeza da reivindicação de João de Barros: «quisémos levár a órdem dos *artistas* e nam dos gramáticos especulativos, porque nóssa tenção é fazer algum proveito aos mininos que per ésta *árte* aprenderem» [243].

Estanco Louro [244] considera que o próprio Fernão de Oliveira tem o cuidado de advertir que o seu trabalho *não é uma gramática,* mas uma *anotação.* Cortês Pinto [245], porém, declara que crê «que podemos afirmar sem sombra de dúvida que, se a primeira gramática publicada foi a de Fernão de Oliveira, a primeira gramática escrita foi a de João de

---

species, ex quibus declinationibus nominum, quomodo formantur. Quartus de denomina-
tivis et verbalibus et participialibus et adverbialibus: quot eorum species, ex quibus
primitivis, quomodo nascuntur. Quintus de generibus dinoscendis per singulas terminatio-
nes: de numeris; de figuris et earum compage; de casu. Sextus de nominativo casu per
singulas extremitates [...]: de genetivorum [...] syllabis. Septimus de ceteris obliquis
casibus [...]. Octavus de verbo et eius accidentibus. Nonus de regulis generalibus omnium
coniugationum. Decimus de praeterito perfecto. Undecimus de participio. Duodecimus et
tertiusdecimus de pronomine. Quartusdecimus de praepositione. Quintusdecimus de adverbio et interiectione. Sextusdecimus de coniunctione. Septimusdecimus et octavusdecimus
de constructione sive ordinatione partium orationis inter se.»
    Isidori Etymologiae (Oxonii, 1911). Capitvla Librorvm: III. De Grammatica.
IV. De partibus orationis. V. De voce et litteris. VI. De syllabis. VIII. De pedibus. VIII. De
accentibus. IX. De posituris. X. De notis sententiarum. XI. De orthographia. XII. De
analogia. XIII. De etymologia. XIV. De glossis. XV. De differentiis. XVI. De barbarismo.
XVII. De soloecismo. XVIII. De ceteris vitiis. XIX. De metaplasmis. XX. De schema-
tibus. XXI. De tropis. XXII. De prosa. XXIII. De metris. XXIV. De fabula. XXV. De
historia.
    [241] FERNÃO DE OLIVEIRA, p. 108.
    [242] *Gram.,* p. 82.
    [243] *Ibid.,* p. 135.
    [244] *Gramáticos Portugueses do Século XVI,* separata da revista *Labor,* s/d, mas
posterior a 1929.
    [245] *A Gramática e a Cartilha de João de Barros,* in *Liceus de Portugal,* 1945.

Barros. Tal suposição parece-nos de difícil aceitação, porque, se já quatro anos antes da sua publicação, isto é, ao ser impressa a obra de Oliveira, a *Gramática* de Barros já estivesse escrita, teríamos de admitir a mesma prioridade para a *Cartinha,* que precede a *Gramática* e da qual esta é complemento. Ora a *Cartinha,* publicada em 1539, foi impressa com vista a uma circunstância histórica bem datada pelo alvará de D. João III. Cremos, por consequência, escusada a imaginosa sugestão oferecida por Cortês Pinto.

Por outro lado, a obra de Oliveira, notável a muitos títulos quanto à originalidade e clara antevisão de muitos problemas linguísticos, não pode, de modo algum, considerar-se, apesar disso, como uma *arte* no sentido em que Barros o entende, nem sequer, talvez, uma Gramática. Trata-se de um conjunto de curiosas e judiciosas reflexões de tipo en-saístico, mas em que se notam repetições (por três ou quatro vezes se refere ao uso do *til,* do *m* e do *n*) e incongruências inexplicáveis numa obra de carácter sistemático como será a de João de Barros. Com efeito, Fernão de Oliveira inicia, como vimos atrás, a sua obra por uma parte preambular (ausente da gramática tipicamente *escolar* do seu sucessor), em que define a linguagem e expende considerações sobre a formação das línguas. Seguem-se algumas páginas sobre «o modo de falar dos portugueses» e a formação do reino, parte sem dúvida visando a inicia-ção dos estudantes ultramarinos à cultura portuguesa. Só depois de se referir à origem do nome de *Lisboa, Lusitânia, Portugal,* de fazer um breve resumo da história dos primeiros reinados, de tomar como exem-plo a perdurabilidade da glória romana devido à imposição da língua dos vencidos, se propõe definir *gramática.* Refere-se ainda ao papel de D. Dinis e D. João III no desenvolvimento da instrução e segue um pormenorizado estudo da pronúncia e articulação dos sons da língua portuguesa (não excluindo, porém, aqui e ali, digressões de tipo histó-rico-cultural). À extensa parte dedicada ao estudo fonético (diríamos quase: *fonológico,* de tal forma manifesta uma finura intuitiva dos modernos problemas linguísticos), segue-se um breve estudo da morfo-logia, ou melhor, de alguns problemas morfológicos, sem sequência ou planificação ordenada: derivação e composição; flexão dos nomes; alguns pronomes; plural dos nomes terminados em *ão* e em consoante; conjugação dos verbos. Termina com uma página dedicada à *construição.*

Por outro lado, se um dos aspectos curiosos da obra de Oliveira consiste na adopção de uma nomenclatura original e muito expressiva (*palavras apartadas e juntas, mudadas, primeiras, tiradas*), verificamos que João de Barros ignora completamente tais inovações de nomenclatura e se mantém fiel depositário da tradição latina nessa matéria.

Feito este breve cotejo, parece, pois, que não pode duvidar-se da justiça com que Fernão de Oliveira afirma que a sua obra *não tem outro exemplo;* tão-pouco se duvidará de que a *Gramática* de Barros é a primeira *arte* da língua portuguesa, a cuja feitura presidiram objectivos diferentes e a que o temperamento e o tipo de cultura do seu autor conferiu carácter diferente. Esta visão do problema vem pôr fim às dúvidas — não pertinentes — quanto à probidade literária de Barros, não sendo de admitir que o historiógrafo e humanista, o filósofo e o homem de bem que a cada passo transluzem na sua obra pudesse deliberadamente ignorar, utilizando-a, a obra de outro homem [246]. Conhecendo a obra de Oliveira, como observa Aníbal Henrique [247], Barros considerava que ele era o primeiro a compor uma *arte*, porque a obra de 1536 não o era, pelo menos no sentido que a palavra tem para ele.

O problema, por conseguinte, é inconsistente: a nosso ver, não há problema. As duas obras foram escritas e publicadas respectivamente em 1536 e 1540; são obras de carácter diverso e a declaração respectiva de cada um dos seus autores pode ser admitida como verdadeira. A afirmação de *ser o primeiro* torna-se quase um lugar-comum, pois

---

[246] Não podemos, evidentemente, admitir como justa a conclusão de Silveira Bueno (*A Formação Histórica da Língua Portuguesa*, 2.ª ed., Rio de Janeiro, 1958, p. 245): «Quatro anos depois publica João de Barros a sua *Gramática* da Língua Portuguesa, em que *trata de ortografia* [...]. O que é notável, começando aqui o que depois será praticado em larga escala, é o *plágio*. Fernão de Oliveira cita o próprio João de Barros em sua *Gramática:* vem o fidalgo, *reproduz a doutrina* do seu antecessor, ampliando-a, certamente, mas nem sequer faz alusão ao trabalho dele [...].» De tão azedada reflexão (em que os itálicos são nossos), quase concluiríamos que Silveira Bueno não conhece nenhuma das obras a que se refere: ao afirmar que a *Gramática trata da ortografia*, esquece que esta é como que um apêndice da restante obra; de modo algum se pode considerar que Barros *reproduziu a doutrina* de Oliveira; os problemas linguísticos pelos quais Oliveira cita Barros não são tratados por este último na sua obra. Entre as duas obras, como demonstrámos, não há coincidências de plano, nomenclatura ou doutrina que possam tão precipitadamente levar a falar de *plágio*.

[247] Apêndice à edição de Fernão de Oliveira.

vemos que mais tarde Nunes do Leão se arrojará a honra de ter sido
o primeiro gramático português. A discussão de tais afirmações não diz
respeito nem altera nada do valor integral do conteúdo de cada obra.

*

Já a meio da impressão deste trabalho tivemos conhecimento, por
oportuna indicação do Prof. Doutor Moreira de Sá — a quem desejo
renovar os meus agradecimentos, pelo apoio dado à publicação deste
trabalho —, da existência de mais um exemplar da *Gramática* (além
dos já citados da Ajuda e de Évora).

Trata-se do exemplar legado por Eugène de Montbret à Bibliothèque Municipale de Rouen e assinalado por Melle Arlette Doublet em
1967 no seu *Catalogue du fonds espagnol de la Bibliothèque Municipale de Rouen (jusqu'en 1700):* ver José F. da Silva Terra, *L'édition
princeps du* Dialogo de Preceitos Morais *de João de Barros,* in *Bulletin
des Études Portugaises,* Lisbonne, N. S., 30, 1969, pp. 77-87.

BIBLIOGRAFIA

ALMEIDA, Justino Mendes de — «Uma Gramática Latina de João de Barros», in *Euphrosyne*, II, Lisboa, 1959, pp. 255-262.

ALONSO, Amado — «Examen de las noticias de Nebrija sobre la antigua pronunciación española», in *Nueva Rev. de Filologia Hispánica*, México, III, 1949, pp. 1-82.

ALONSO, Amado — «O cecear cigano de Sevilha», 1540, in *Rev. Filol. Esp.*, Madrid, XXXIII, 1952, pp. 1-5.

ANSELMO, António J. — *Bibliografia das obras impressas em Portugal no século XVI*, Lisboa, 1926.

ARNOLD, Robert F. — *Cultura del Renacimiento*, Barcelona-Buenos Aires, 1928.

ASENSIO, Eugenio — *Prólogo da Comédia Eufrosina de Jorge Ferreira de Vasconcellos*, t. I, Madrid, 1951, pp. VII-XCIII.

ASENSIO, Eugenio — «La Lengua compañera del Império», in *Rev. Filol. Esp.*, XLIII, 1960, pp. 399-413.

AZEVEDO, Pedro de — *Tratado de S. Isidoro do ajuntamento de bons ditos e palavras*, in *Rev. Lusitana*, XIV, 1913, pp. 101-108.

BAIÃO, António — *Documentos inéditos sobre João de Barros, sobre o escritor seu homónimo contemporâneo, sobre a família do historiador e sobre os continuadores das suas Décadas*, Coimbra, 1917 (separata do Boletim de 2.ª classe da Academia).

BARRETO, Joam Franco — *Ortografia da Lingua Portugueza*, Lisboa, 1671, 16+279 p.

BARROS, João de — *Prymeira parte da cronica do emperador Clarimundo donde os Reys de Portugal descendem*, 1.ª ed., Lisboa, Germão Galhardo, 1522; 2.ª ed., Coimbra, João da Barreira, 1555; 3.ª ed., Lisboa, Ant. Álvares, 1601; 4.ª ed., Lisboa, Francisco da Silva, 1742; 5.ª ed., Lisboa, João Ant. da Silva, 1791; 6.ª ed., Lisboa, Tip. Rollandiana, 1843; 7.ª ed., Clássicos Sá da Costa, 3 vols., Lisboa, 1953.

BARROS, João de — *Ropica Pnefma* ou *Mercadoria Espiritual*, 1.ª ed., Lisboa, Germão Galhardo, 1532; 2.ª ed. na «Compilação de varias obras do insigne portuguez João de Barros», Lisboa, 1785, II parte. Porto, 1869; 3.ª ed. de I. S. Révah, 2 vols. (dos 3 anunciados), Lisboa, 1952 e 1955.

BARROS, João de — *Panegírico de D. João III,* pronunciado em Évora em 1533, 1.ª ed. nas *Notícias de Portugal* de M. Severim de Faria, 1655; 2.ª ed., Lisboa, Off. de Ant. Isidoro da Fonseca, 1770; 3.ª ed., Lisboa, 1791; 4.ª ed. por M. Rodrigues Lapa, Lisboa, 1937.

BARROS, João de — *Cartinha com os preceitos e mandamentos da Santa Madre Igreja,* 1.ª ed., Lisboa, Luís Rodrigues, 1539; 2.ª ed., na *Compilação...*, I parte, Lisboa, 1785.

BARROS, João de — *Gramática da Língua Portuguesa,* seguida de *Diálogo em louvor da nóssa linguágem,* 1.ª ed., Lisboa, Luís Rodrigues, 1540; 2.ª ed., na *Compilação...*, I parte, Lisboa, 1785; só a *Gramática*: 3.ª ed., de José Pedro Machado, Lisboa, 1957; só o *Diálogo*: 3.ª ed. de L. Pereira da Silva, Coimbra, 1917; 4.ª ed. de Luciana Stegagno Picchio, Modena, 1959.

BARROS, João de — *Diálogo da Viçiósa Vergonha,* 1.ª ed., Lisboa, Luís Rodrigues, 1540; 2.ª ed., na *Compilação...*, I parte, Lisboa, 1785.

BARROS, João de — *Diálogo de Joam de Barros com dous filhos seus sobre preceptos moraes em modo de jogo,* 1.ª ed., Lisboa, Luís Rodrigues, 1540; 2.ª ed., Lisboa, João da Barreira, 1563.

BARROS, João de — *Arte de grammatica latina per sistema figurado,* inédita, Bibl. Nac. de Lisboa (ver: Révah, *João de Barros...*, p. 67; Justino Mendes de Almeida, «Uma Gramática Latina de João de Barros», in *Euphrosyne,* Lisboa, II, 1959, pp. 255-262).

BARROS, João de — *Diálogo evangélico sobre os artigos da fé contra o Talmud dos Judeos,* composto por 1543, ed. pela primeira vez por I. S. Révah, Lisboa, 1950.

BARROS, João de — *Panegírico da mui alta e esclarecida princesa Infanta Dona Maria nossa senhora,* 1.ª ed. nas *Notícias de Portugal* de M. Severim de Faria, 1665; 2.ª ed., Lisboa, 1791; 3.ª ed. por M. Rodrigues Lapa, Lisboa, Sá da Costa, 1937.

BARROS, João de — *Ásia de Joam de Barros dos fectos que os Portugueses fizeram no descobrimento e conquista dos mares e terras do Oriente,* 1.ª ed., Lisboa, Germão Galhardo, 1552.

BARROS, João de — *Segunda Década da Ásia...*, ibid., 1553.

BARROS, João de — *Terceira Década da Ásia...*, Lisboa, João da Barreira, 1563.

BARROS, João de — *Quarta Década da Ásia...*, ed. de Lavanha, refundida, Madrid, Stamperia Reale, 1615; todas as *Décadas* foram reeditadas em Lisboa, 1785; 3.ª ed. por Hernâni Cidade, 4 vols., Lisboa, Agência Geral das Colónias, 1944-1947.

BATAILLON, Marcel — *Études sur le Portugal au temps de l'Humanisme*, Coimbra, 1946.

BRAGA, Teófilo — *História dos Quinhentistas* — *Vida de Sá de Miranda e Sua Escola*, Porto, Imprensa Portuguesa Ed., 1871.

BUCETA, Erasmo — «La tendencia a identificar el español con el latín», in *Homenaje a Menéndez Pidal*, Madrid, I, 1925, pp. 85-108.

BUENO, Francisco da Silveira — *A Formação Histórica da Língua Portuguesa*, 2.ª ed., Rio de Janeiro, 1958.

BUESCU, Maria Leonor Carvalhão — *Textos Pedagógicos e Gramaticais de João de Barros*, Verbo, Colecção Textos Clássicos, Lisboa, 1969.

[PALHA, Fernando] — *Cathalogue de la Biblioteque de* ..., 4 tomos, Lisboa, 1896.

CIDADE, Hernâni — *João de Barros* — *O que pensa da Língua Portuguesa* — *Como a escreve*, in *Bol. de Filol.*, XI (Miscel. Ad. Coelho, vol. II), pp. 281-303.

COELHO, Jacinto do Prado — *Para o estudo da pronúncia do Português Medieval*, in *Rev. de Port.*, Série A, LP, X, fasc. 50, Lisboa, 1946, pp. 217-221.

COUTINHO, Ismael de Lima — *Gramática Histórica Portuguesa*, 5.ª ed., Rio de Janeiro, 1962.

CUNHA, P.ᵉ Arlindo Ribeiro da — *A Língua e a Literatura Portuguesa*, 5.ª ed., Braga, 1959.

CURTIUS, Ernst Robert — *La Littérature Européenne et le Moyen Âge Latin*, Presses Universitaires de France, Paris, 1956.

Desaggravo da Grammatica ou Reflexões criticas sobre a Grammatica Portugueza ordenada por Sebastião José Guedes Albuquerque, para uso do Il.ᵐᵒ Sr. D. Francisco de Sales e Lencastre, offerecidas ao publico por hum amigo da Literatura, Lisboa, 1820 (*in* Misc. VIII do legado de Leite de Vasconcellos à Faculdade de Letras de Lisboa).

ENNIO, Q. — *Ennianae poesis relinquiae*, ed. I. Vahlen, Leipzig, Teubner, reed. 1963.

FARIA, Manuel Severim de — *Vida de João de Barros*, in *Discursos vários políticos*, Évora, Manuel Carvalho, 1624.

FARIA, Manuel Severim de — *Vida de João de Barros e Indice Geral das quatro Décadas da sua Ásia*, Lisboa, 1778.

FERREIRA, Álvaro — *Ortographia ou modo para escrever certo na lingua Portuguesa...*, Lisboa, 1631, 7 + 76 fol., in-16.

FIGUEIREDO, António Pereira de — *Espírito da língua portugueza extrahida das «Décadas» do insigne escritor João de Barros*, in *Memórias de Literatura Portuguesa*, III, 1793, pp. 111-226.

FIGUEIREDO, António Pereira de — «João de Barros, exemplar da mais solida eloquencia portugueza», 1781, in *Memórias...*, IV, 1793, pp. 5-25.

GÂNDAVO, Pêro de Magalhães de — *Diálogo em defensão da língua portuguesa,* 1574.

GONÇALVES, F. Rebelo — «História da Filologia Portuguesa. I — Os Filólogos Portugueses do século XVI», in *Boletim de Filologia,* IV, 1936, pp. 1-13.

GUIRAUD, Pierre — *La Grammaire,* Paris, 1958 (Col. «Que sais-je?»).

HART, Jr. Thomas — *Notes on Sixteenth-Century Portuguese Pronunciation,* in *Word,* XI, 1955, pp. 404-415.

Índices da Revista Lusitana — Publ. do Centro de Estudos Filológ., Lisboa, 1959.

INOCENCIO — *Dicionário Bibliográfico.*

ISIDORO Hispalense — *Isidori Etymologiae,* ed. W. M. Lindsay, 2 vols., Oxford, Univ. Press, 1950.

KEIL — *Grammatici Latini,* I-VIII, 1855-1880.

KUKENHEIM, L. — *Contributions à l'histoire de la Gramaire italienne, espagnole et française à l'époque de la Renaissance,* Amsterdão, 1932.

KUKENHEIM, L. — *Esquisse historique de la Linguistique française,* Leida, 1962.

LAPA, M. Rodrigues — *Lições de Literatura Portuguesa, Época Medieval,* 4.ª ed., Coimbra, 1956.

LAPESA, Rafael — *Historia de la lengua española,* 2.ª ed., Madrid-Buenos Aires- -Cádiz, 1950.

LEÃO, Duarte Nunes do — *Orthografia da Lingua Portuguesa,* Lisboa, João da Barreira, 1576; ed. conjunta com a *Origem:* Lisboa, 1784 e 1864.

LEÃO, Duarte Nunes do — *Origem da lingua portuguesa,* Lisboa, Pedro Craesbeck, 1606; Lisboa, 1784, 1864 e, só da *Origem,* 1945.

LEROY, Maurice — *Les grands courants de la Linguistique Moderne,* 2.ª ed., Bruxelas-Paris, 1963.

LOURO, Estanco — *Gramáticos Portugueses do Século XVI: F. de Oliveira, J. de Barros, P. de M. de Gândavo, D. N. do Leão,* Lisboa, s/d, in 8.º de 31 págs.

MACHADO, José Pedro — *G e I em palavras portuguesas de origem arábica, Rev. de Portugal,* Lisboa, A. L. P., vol. XIV, 1940, fasc. 78, pp. 284-289.

MACHADO, José Pedro — *Versão desconhecida de uma carta de João de Barros, Rev. de Portugal,* Lisboa, vol. XXIX, 1964, pp. 175-183.

[D. MANUEL II] — *Livros Antigos Portuguezes,* 1489-1600, da *Biblioteca de sua Majestade Fidelíssima,* descriptos por S. M. El-Rei D. Manuel em três volumes, I-III, Londres, 1929-1935.

MATOS, Luís de — *Les Portugais en France au XVIe siècle,* Coimbra, 1952.

MEIER, Harri — *Ensaios de Filologia Românica,* Lisboa, 1948.

MELO, João Crysóstomo do Couto e — *Nôvo Método de ensinár e aprendêr a pronunciação e Lêitúra da Linguágee Portuguêza pâra úso das escólas particuláres do exército e oferecido a súa majestade fidelíssima pêlo dirétôr da escóla geral o bacharel, formádo ee matemática — João Chrysóstomo do Côuto e Mélo,* Lisboa, 1817 (Misc. VIII do legado de Leite de Vasconcellos à Faculdade de Letras de Lisboa).

NEBRIJA, António de — *Gramática Castellana,* ed. de P. Galindo Romeo y L. Ortiz Muñoz, Madrid, 1946.

NEBRIJA, António de — *Introductiones in Latinam Grammaticam, per eundem recognitae atque exactissime correctae glossematis cum antiquo exemplari collatis,* 1523.

NETO, Serafim da Silva — *Manual de Filologia Portuguesa,* 2.ª ed., Rio de Janeiro, 1957.

NETO, Serafim da Silva — *Diálogos de S. Gregório,* Coimbra, 1950.

NOGUEIRA, Rodrigo de Sá — «Contribuições para a História da Filologia Portuguesa», in *Congresso do Mundo Português,* Publicações, vol. XIII, Lisboa, 1940, pp. 559-570.

NOGUEIRA, Rodrigo de Sá — *Curso de Filologia Portuguesa,* Lisboa, 1932.

OLIVEIRA, Fernão de — *Gramática da Linguagem Portuguesa,* 3.ª ed., Lisboa, 1933.

PELLIZZARI, Achille — *Portogallo* e *Italia nel secolo XVI,* Napoli, 1914.

PINTO, Américo Cortês — *Da famosa arte da imprimissão,* Lisboa, 1948.

PINTO, Américo Cortês — «A Gramática e a Cartilha de João de Barros», in *Liceus de Portugal,* Outubro de 1945.

PINTO, Rolando Morel — «Gramáticos Portugueses do Renascimento», in *Revista de Letras,* Assis, São Paulo, 1961.

REMÉDIOS, Mendes dos — *História da Literatura Portuguesa, desde as origens até à actualidade,* 6.ª ed., Coimbra, 1930.

RÉVAH, I. S. — «João de Barros», in *Revista do Livro,* Rio de Janeiro, 9 de Março, 1958, pp. 67-71.

RÉVAH, I. S. — *Deux ouvrages rarissimes de João de Barros à la Bibliothèque Nationale de Rio de Janeiro,* in *Boletim Internacional de Bibliografia Luso-Brasileira,* I, 1960, n.º 2 *(Gramática* e *Diálogo com dous filhos...).*

SARAIVA, António José — *História da Cultura em Portugal,* vol. I, Lisboa, 1950.

SILVEIRA, Luís da — *Livros do século XVI impressos em Évora,* Évora, 1941.

TERRA, José F. da Silva — «L'édition princeps du *Dialogo de preceitos moraes* de João de Barros», in *Bulletin des Études Portugaises,* N. S., XXX, 1969, pp. 77-87, 14 pl.

TERRACINI, Lore — «Appunti sulla 'coscienza linguistica' nella Spagna del Rinascimento e del secolo d'oro», in *Cultura Neolatina,* XIX, 1959.

TEYSSIER, Paul — «La prononciation des voyelles portugaises au XVIème siècle d'après le système orthographique de João de Barros», in *Annali dell'Istituto Universitario Orientale,* Sez. Romanza, Napoli, 1966, pp. 127-198.

TRABALZA, Ciro — *Storia della Grammatica Italiana,* Bolonha, 1963.

VASCONCELOS, Carolina Michaëlis de — *Lições de Filologia Portuguesa,* Lisboa, 1946; reed. 1956.

VASCONCELOS, Frazão de — «Ortografistas portugueses dos séculos XVI a XVIII», in *Liceus de Portugal*, III, pp. 273-78, Lisboa, 1932.

VASCONCELOS, José Leite de — *Lições de Filologia Portuguesa*, 2.ª ed., Lisboa, 1926.

VASCONCELOS, José Leite de — *Opúsculos*, vol. IV, pp. 860-870, Coimbra, 1929.

VASCONCELOS, José Leite de — *Textos Arcaicos*, Lisboa, 1932.

VIDOS, B. E. — *Manuale de linguistica romanza*, Florença, 1959.

WILLIAMS, Edwin — *Do Latim ao Português*, Rio de Janeiro, 1961.

Lisboa, 1969.

Introdução às REGRAS
QUE ENSINAM A MANEIRA DE ESCREVER
E A ORTOGRAFIA DA LÍNGUA PORTUGUESA (1574)

Biblioteca Nacional, Lisboa, 1981

PÊRO DE MAGALHÃES DE GÂNDAVO

1. Pêro de Magalhães de Gândavo (? - depois de 1579) nasceu em Braga, filho de pai flamengo, origem de que dá conta o nome *Gândavo,* derivado do topónimo alatinado *Gandavum, Gand,* cidade da Flandres, com a qual Portugal mantinha estreitas relações comerciais, e que era conhecida com o nome de Gante, ou Guante[1].

Foi, contudo, na sua província natal de Entre Douro e Minho, região «conservador da semente portuguesa», como lhe chamara João de Barros[2], que Pêro de Magalhães de Gândavo, que entretanto ocupara também o cargo de copista da Torre do Tombo, foi casado e ensinou Latim, e, obviamente, Português.

Apesar de pouco sabermos sobre a sua preparação escolar, a verdade é que a sua obra, ainda que exígua, testemunha que o humanista estava a par do panorama literário português do século XVI, mencionando, com entusiasmo adequadamente hierarquizado, os poetas e humanistas que assinalaram o movimento intelectual do tempo, desde Sá de Miranda a Luís de Camões, passando por André de Resende e João de Barros. Apreço talvez recíproco, como fazem pensar os tercetos e o

---

[1] De facto, segundo ANTENOR NASCENTES, *Dicionário Etimológico do Português,* vol. II, Rio de Janeiro, 1959, *Gandavo seria preferível a Gândavo,* tendo em vista a prosódia do vocábulo latino correspondente, *Gandavum.* No entanto, opinião contrária é defendida por Joaquim da Silveira, cf. *Bibliografia.*

[2] *Diálogo em louvor da nóssa linguágem,* p. 402. Cita-se pela edição de 1971 (cf. *Bibliografia*).

soneto que, servindo de prólogo à sua *História da Província de Santa Cruz* (1576), constituem uma homenagem de Camões ao autor.

Embora uma parte da sua vida tenha decorrido, pois, em Entre Douro e Minho, o percurso biográfico de Pêro de Magalhães leva-o por duas vezes ao Brasil, resultando, de cada uma dessas estadas, a redacção de uma obra de conteúdo brasileiro, as quais fazem do mestre de Braga o primeiro historiador do Brasil, muito provavelmente fonte, por exemplo, da obra de Jean de Léry, ou Ioannis Lerius [3] que, em versões e traduções várias, difunde, através de uma Europa ávida, as primeiras imagens de um mundo novo e pujante.

Assim, o *Tratado da Província do Brasil,* que se manteve inédito até ao século XIX [4], deve ter sido redigido por volta de 1569, data provável da sua primeira estada no continente sul-americano, e a *História da Província de Santa Cruz* em 1576, aquando da sua segunda estada, em que desempenhou o cargo de provedor da fazenda da Capitania de São Salvador da Baía.

Ambas essas obras constituem não só uma exortação pragmática ao povoamento, mas uma primeira homenagem europeia, através de uma visão euforizante, ao país do *genus angelicum,* o grande mito que alimentará o pensamento utópico do século XVII, e que encontrará, como arautos, entre outros, o jesuíta António Vieira e o franciscano Mendieta.

Todavia, a primeira dessas obras só tardiamente conhecerá a difusão da imprensa. O *Tratado* é publicado pela primeira vez em 1826 pela Academia Real das Ciências, na «Colecção de notícias para a História da Geografia das Nações Ultramarinas», e a *História,* após a primeira edição de 1576, apenas é republicada em 1858 pelo Instituto Histórico e Geográfico Brasileiro e, no mesmo ano, também pela Academia Real das Ciências.

Parece, pois, existir uma paradoxal desproporção entre o desinteresse — pelo menos dentro de Portugal — da obra histórica de

---

[3] JEAN DE LÉRY, *Description de l'Amérique...*, Paris, 1589.
[4] Note-se que o facto de não ter sido impressa não significa, necessariamente, que a obra fosse desconhecida.

Gândavo e o que poderíamos considerar o «êxito» editorial dos seus dois opúsculos de conteúdo linguístico e gramatical.

Essa desproporção terá, talvez, explicações histórico-sociológicas que, por saírem do âmbito desta introdução, não discutiremos mas apenas propomos: por um lado, o relativo desinteresse pela Terra de Vera Cruz, à qual, apesar das tentativas não de todo conseguidas de D. João III, só D. João IV irá dar uma atenção aguçada por um imediato interesse económico. Por outro lado e pelo contrário, a estimulante colocação dos problemas linguístico-gramaticais durante o século XVI e a partir das obras-padrão de Fernão de Oliveira e de João de Barros, bem como, num aspecto menos técnico mas não menos decisivo, a polémica envolvente da «Questão da Língua», na qual se empenham poetas e humanistas.

Eis porque nos parece que as duas zonas que abrange a obra de Gândavo — a zona histórica e a zona linguístico-gramatical — tiveram diferente e significativa fortuna editorial.

2. Com efeito, a divulgação e a democratização cultural permitida pela imprensa projecta-se, através da obra de Gândavo, no sentido de uma circulação que ultrapassa largamente os circuitos de educação palaciana e aristocrática (*background* da obra de Barros) e também a especialização por vezes polémica da de outro dos gramáticos do século XVI, Fernão de Oliveira: *As regras que ensinam a maneira de escrever a Orthographia da Língua Portuguesa, com hum Diálogo que adiante se segue em defensão da mesma língua.*

Trata-se, em confronto com a obra dos seus dois antecessores, de um breve trabalho de proporções reduzidas e de intenções modestas que, na edição de 1592, a terceira, vem publicado «acostado» ao tratado de escrita de Manuel Barata e a «hum tratado de Arismetica». E, contudo, se atribuímos à sua obra a dimensão de um instrumento divulgativo, esse facto é decerto comprovado pela circunstância de, durante o século XVI, ter sido o único, da tríade dos gramáticos portugueses, a ter mais de uma edição: a de 1574, edição *princeps,* por António Gonçalves; a de 1590, por Belchior Rodrigues, e, finalmente, a de 1592, por António de Siqueira, a qual, por circunstâncias histórico-

-políticas, circulará em duas versões, mercê, como veremos adiante, de um processo de censura *a posteriori*.

De facto, dirigindo-se ao «discreto e curioso lector»[5], ele tem em vista «toda pessoa que escreve»[6], a quem convém «saber bem guardar a orthographia, pondo em seu lugar as letras e os accentos necessários que se requerem no discurso das escripturas»[7]. Assim, trabalhou «por comprehender em breves palavras [...] pera com ellas aproveitar a toda a pessoa que as quiser seguir»[8]. Mais significativo ainda, ele escreve «pera os que não são latinos»[9]. Se compararmos esta posição com a assumida no discurso contido na *Gramática* de João de Barros e na mais prolixa exposição de Fernão de Oliveira, obras nas quais intervém, como suposto, o conhecimento ou, pelo menos, a notícia das línguas grega, hebraica e latina, além do árabe e das línguas românicas e até exóticas; se, sobretudo, examinarmos os pressupostos culturais do interlocutor de João de Barros no *Diálogo em louvor da nóssa linguágem,* facilmente reconheceremos uma profunda e significativa alteração, ou antes, alargamento do projecto.

Que, aliás, Gândavo define mais claramente quanto ao estatuto cultural dos seus destinatários:

> E por esta razão quis nellas [regras da orthographia] dar algũs exẽplos, para que assim ficassem mais claras, e cõ menos trabalho fossem entẽndidas de qualquer pessoa ainda que nam tenha (como digo) inteligencia de latim. Porque se meu intento fora sômente aproveitar com ellas aos grammaticos, ouvera os taes exemplos por escusados; pois está claro não serem necessários senão a estes que escassamente sabem que cousa he nome e que cousa he verbo[10].

---

[5] PÊRO DE MAGALHÃES DE GÂNDAVO, *Regras que ensinam a Orthographia da Lingua Portuguesa*, 2 v. Cita-se pela edição *princeps*, Lisboa, 1574.
[6] *Ibid.*, 2 v.
[7] *Ibid.*, 3 r.
[8] *Ibid.*, 3 r.
[9] *Ibid.*, 3 r.
[10] *Ibid.*, 24 v-25 r.

O *Diálogo em defensão da língua portuguesa,* que se segue à ortografia, assume-se igualmente como um discurso «popularizante», em que a própria matéria da argumentação se desenvolve de modo adequado ao estatuto cultural já definido:

> [se] no qual desapassionadamente quiserdes pôr o olhos, [...] achareis que em muitas partes faz ventagem à vossa [língua castelhana], como logo vos posso mostrar em hum nosso vocabulo que agora me lembra [...] e he que dizemos olhar, e vós mirar: pois se o instrumento com que vemos chamamos olhos, com razão dizemos olhar e vós chamaislho ojos, e dizeis mirar. O qual verbo não pode ser conveniente, nem conforme a sua significação, sem dizerdes ojar, ou chamardes aos olhos miros [11].

Assim, num discurso simplificado, num tom afastado de qualquer conotação aristocrática, a obra de Gândavo, a única de que o público destinatário justificou três edições, avançou um largo e decisivo passo na via aberta pelo livro impresso, instrumento poderoso do acesso de muitos a um espaço cultural até então de poucos.

Com efeito, a introdução da imprensa apresenta-se como um instrumento novo que vai proporcionar ao próprio acto comunicativo uma força até então insuspeitada, perante a qual a primeira reacção é quase a de um temor reverente. Significativo e testemunho de certo modo ingénuo de Garcia de Resende, na imediatez de um primeiro encontro, que inclui a tipografia entre as maravilhas ou «monstros» do seu tempo — tempo que com a mais aguda percepção ele identifica como um tempo de viragens e rupturas:

> E vimos em nossos dias
> ha letra de forma achada
> com que a cada passada
> crescem tantas livrarias
> e a sciencia he augmentada.

---

[11] *Ibid.*

Tem Alemanha louvor
por dela ser o auctor
daquesta cousa tam digna.
Outros affirmam na China
o primeiro inventador [12].

Aprendiz de feiticeiro, o humanista está, de certo modo, ultra-
passado e subjugado por uma técnica que avançou talvez a um ritmo
imprevisível e incontrolável. A ortografia submete-se, pois, de algum
modo, a uma tecnocracia dominadora e imparável. À anarquia ortográfica do escrivão, sujeita à sua imaginação e até a projectos e iniciativas
individuais, por vezes caprichosas e discordantes ou mesmo dependentes
da fantasia ornamental e simbólica do espírito medieval, sucede a su-
premacia da vaga tipográfia avassaladora e tão capaz de recusar propostas como de impor costumes. Sempre, porém, no sentido de uma regularização. E essa regularização passa pela atribuição de valores adequados
aos símbolos alfabéticos, isto é, em suma, ao estabelecimento de um
alfabeto.

Assim, essa «arte [que] vem novamente à Terra» [13] constitui
uma pressão tecnológica que, de certo modo, controla e condiciona as
opções teóricas dos humanistas e gramáticos. Kukenheim, efectivamente,
afirma, em relação ao caso francês: «au début du xvième siècle l'écriture relevait [...] plutôt de la typographie» [14]. Em Itália, Gelli, por
exemplo, numa carta ao cardeal de Ferrara, observaria que tinha «las-
ciato la cura della ortografia allo stampatore» e, quanto à situação castelhana, Valdés, no seu *Diálogo de la lengua* afirma, atenuando as suas
críticas a Nebrija: «Quanto a la ortografia no digo nada, porque la
culpa se puede atribuir a los impressores y no al autor del libro.»
O impressor é, portanto, aquele que detém a técnica e, com ela, o poder

[12] GARCIA DE RESENDE, *Crónica de Dom João II e Miscelânea*, nova edição conforme a de 1798, com introdução de Joaquim Veríssimo Serrão, Imprensa Nacional-Casa da
Moeda, Lisboa, 1973, p. 362.
[13] FERNÃO DE OLIVEIRA, *Gramática da Linguagem Portuguesa*, Lisboa, 1975, p. 87.
[14] L. KUKENHEIM, *Contributions à l'histoire de la Grammaire italienne, espagnole
et française à l'époque de la Renaissance*, Amsterdão, 1932, p. 22.

de ditar a lei ortográfica, resistindo, por vezes inquebrantavelmente, às tentativas reformadoras com base nas posições doutrinárias dos teori-zadores da língua. A essa resistência teremos, porventura, ficado a dever a efemeridade do sistema proposto por João de Barros, bem como a ainda maior efemeridade do sistema de Fernão de Oliveira, sistemas que, ambos, continham reformulações importantes na constituição do alfabeto que pretendiam tornar capaz de corresponder às realidades fono-lógicas da língua.

Observa-se, pois, que na *Gramática* de João de Barros (de que consideramos parte a *Cartinha* sua introdução) aparece por quatro vezes a indicação e até a descrição do alfabeto. Mas, paradoxalmente e à primeira vista, nunca de modo coincidente. Na *Cartinha* é apresentado em primeiro lugar um alfabeto figurado, em que cada letra é acompa-nhada de uma pequena imagem em cujo nome existe, como primeira, a letra a designar: *árvore* (para o *a*), *besta* (para o *b*), etc.

Um alfabeto do mesmo tipo faz também parte da *Cartinha* do bispo de Coimbra, Frei João Soares, correspondendo, portanto, a uma matriz-tipo, que, ainda que não a mesma matriz, aparece em obras da mesma espécie e não resulta necessariamente de uma criação especifica-mente destinada *àquela* ocorrência. Pelo contrário, parece provir de uma tradição pedagógico-didáctica ou simbólica anterior.

Cotejando os dois alfabetos figurados, verificamos que o alfabeto da *Cartinha* de Frei João Soares contém apenas vinte e uma letras, visto não fazer parte dele o *x*, representado na *Cartinha* de Barros pela figura «xarroco», que perfaz, portanto, o total de *vinte e duas letras*. As gra-vuras não são as mesmas, mas correspondem a idênticas simbolizações:

a — árvore	*b* — besta
c — cesta	*d* — dado

etc.

Ora, o alfabeto ou «abece das figuras», como lhe chama Frei João Soares, não corresponde na *Cartinha* do bispo de Coimbra ao alfa-beto não figurado que encabeça a primeira página da sua *Cartinha* e que apresenta vinte e nove letras, contando com as seguintes duplicações: A a / ∂ d / r τ / ∫ s / v μ. Essas duplicações não aparecem no alfabeto «das figuras».

Idênticas divergências se verificam nas várias edições da *Cartinha* de Frei João Soares que tivemos possibilidade de examinar [15].

De facto, ao examinarmos a constituição do alfabeto figurado de Barros, reconheceremos desde logo que ele se afasta da doutrina repetidamente exposta e discutida ao longo da *Gramática*. O «alfabeto figurado» consta das seguintes letras, que formam aquilo que se chamará *alfabeto latino*, sendo no entanto concorrente com outro alfabeto «latino» em que não figura o *k:*

a, b, c, d, e, f, g, h, i, k, l, m, n, o, p, q, r, s, t, u, x, z.

Consta, portanto, de vinte e duas letras e coincide com os alfabetos caligráficos que existem nos pequenos e numerosos tratados para o ensino da escrita que circulam no espaço cultural europeu romano--saxónico.

Ora, este alfabeto das vinte e uma ou vinte e duas letras é aquele que a arte da impressão acolhe nas suas matrizes e representa uma simplificação em relação aos complicados alfabetos que, nas audaciosas propostas de Fernão de Oliveira e João de Barros, atentos à realidade fonológica, atingem o número de trinta e uma e até trinta e quatro «letras em figura». Este número, aliás, o mais elevado, é obtido pela contagem de ∼ *(til)* como «figura» de letra, além da inclusão de signos gráficos diferenciados para as vogais abertas e fechadas, para *i/j* e *u/v* e ainda dos dígrafos *ch, nh* e *lh* e de *ss* e *rr.*

Do exame contrastivo dos diferentes alfabetos propostos e, ao mesmo tempo, dos silabários que constituem, diremos, a *praxis* alfabética, julgamos poder extrair, em última análise, duas conclusões importan-

---

[15] Da *Cartinha* de João Soares parece terem-se publicado cinco edições durante o século XVI, das quais pudemos examinar duas: uma delas existente na Biblioteca Pública de Évora e outra na Biblioteca do Paço Ducal de Vila Viçosa, cuja fotocópia nos foi facultada pela Fundação da Casa de Bragança. Serão, portanto, as edições de 1550 e de 1596-1597 (segundo estimativa de Fernando Castelo-Branco, «Cartilhas para ensinar a ler»), sendo que das restantes edições mencionadas por Barbosa Machado (*Biblioteca Lusitana,* 2.ª ed., vol. II, p. 699) não se conhece o paradeiro.

tes. Em primeiro lugar, que os homens do século XVI (e não só aqueles a quem podemos atribuir o título prestigioso de humanistas) se encontravam envolvidos num processo de descoberta no qual audaciosamente se empenham. Sem preconceito e sem sujeição. Em segundo lugar, concluiremos também que nesse processo de descoberta — ou invenção — está presente uma consciência linguística cujo primeiro vector aponta para uma consciência fonológica, a qual, no entanto, vai rapidamente obliterar-se em favor da «normalização» imposta pela técnica tipográfica.

É certamente por isso que Magalhães de Gândavo apresenta o seu alfabeto «internacionalizado», formado por «vinte letras, ou vinte e hũa, com este *y* grego e fora *h* que lhe não chamam os latinos letra senão aspiração» [16]. Parece, pois, conformar-se com o alfabeto latino das vinte e uma letras. Não enfileira, muito pelo contrário, nas propostas graficamente inovadoras e de feição fonologista, não se afeiçoando à inclusão dos dígrafos como *ch, nh, lh, rr, ss,* nem das novas vogais preconizadas por Fernão de Oliveira, α, ε, *w*: limita-se ao alfabeto «internacional» da tradição latino-romana: o uso dos acentos, com o qual transigirá, e que fizera parte da doutrinação de João de Barros, não altera a fisionomia já fixada e, no fundo, inalterável, do velho alfabeto latino. O carácter recessivo da proposta de Gândavo parece, pois, evidente. Opúsculo que podemos considerar como um «prontuário» ou guia ortográfico de características acentuadamente pragmáticas, mais do que uma obra doutrinária, o seu tratado mantém-se dentro de um critério de regrada prudência, avesso a propostas demasiado discutíveis ou até polémicas. Note-se, ainda, que os *Exemplares de diversas sortes de letras* de Manuel Barata, com que o pequeno tratado de Gândavo andou editado, apresenta os alfabetos segundo idêntico critério, apenas acrescentando em alguns casos as variantes caligráficas de *s* e de *r*.

Do exame comparativo dos alfabetos propostos durante o século XVI parece resultar com clareza que se os *abêcês* de Fernão de Oliveira e João de Barros representam uma expansão, o de Magalhães de Gândavo, pelo contrário, representa o que chamaríamos contracção ou recessão alfabética, ao retomar a substância gráfica do alfabeto latino. A sua

---

[16] V. *Orthographia*, 7 v.

proposta marca, na verdade, uma regressão em relação aos projectos anteriores. A estrutura em mudança, sentida como tal nos meados do século, converte-se, no seu último quartel, numa estrutura estável. Se os seus dois antecessores quinhentistas, por exemplo, haviam adoptado as designações de *grande* e *pequena* respectivamente para as vogais *abertas* e *fechadas,* divergindo, no entanto, quanto à sua representação gráfica, verifica-se que Magalhães de Gândavo renuncia a tais designações e omite a distinção fonológica brilhantemente anotada pelos gramáticos de 1536 e 1540. E se, como já dissemos, transige quanto à utilização dos acentos sobre «algũas letras», limitar-se-á àquelas que tiverem «duvidosa significação» [17], pista aliás também já aberta por Barros: «nam escrevendo as dições onde cada um sérve, ficariam anfibológicas e duvidósas, dádo que o modo da constituiçám as máis das vezes nos ensine a tirár ésta anfibologia» [18]. Assim, o uso de acentos é, para Gândavo, fundamentalmente, uma função gráfica distintiva e impeditiva da homonímia, ferindo, todavia, apenas a sílaba tónica. Escreve ele: «Também ha muitos verbos que não se sabe se falão do tempo passado se do porvir: e pera se tirar esta duvida, quando falarem do tempo passado, se porá o accento na penultima, que he a derradeira syllaba, senão a que esta antes della, assi como alcançára, louvára, agradecéra, etc. E quando falarem do por vir, pôrseha na ultima desta maneira, assicomo, alcançará, louvará, agradecerá, etc. [19]»

A função distintiva ou «profiláctica» do acento foi, aliás, também proposta por Barros relativamente ao acento circunflexo, cuja utilização se reduz a *â* e *ô*, formas pronominais, representando foneticamente o mesmo que *a* e *o,* artigos. Neste caso encontramos, na utilização do acento gráfico, uma nova e ambígua função: a função indicadora da categoria morfológica e, por consequência, afectada de um valor significativo ou semântico [20].

---

[17] V. *Orthographia*, 12 v.
[18] JOÃO DE BARROS, *Gramática*, p. 376.
[19] V. *Orthographia*, 13 r-13 v.
[20] Cf. JOÃO DE BARROS, *Gramática*, p. 376: «(A pequeno) Sérve de relativo per semelhante exemplo: Éssa tua palmatória, se â eu tómar, far-te-ei lembrár ésta régra. E entám tem neçessidade daquele espírito que lhe vês em çima.» Cf. ainda p. 379.

A utilização do acento circunflexo é, porém, diferente para Gândavo, cuja doutrina, de certo modo, se dilui num pragmatismo simplificativo e reducionista

Tendo, como já vimos, o acento circunflexo um valor semântico e ou morfologicamente distintivo, a exemplificação ocorrente mostra-nos, no entanto, ao afectar a vogal *o,* poder corresponder à vogal aberta: «E assi tambem quando se ouver de usar desta letra o, em algũa invocação, pôrseha com hum accento emcima, assicomo: Vos ô poderoso Senhor valeinos, ô grão Rey ajudainos, etc. [21]» A aplicação ortográfica do próprio texto gandaviano parece apontar para o timbre aberto de *ô: sô = só,* ainda que pensemos que a *praxis* tipográfica só sob caução pode ser considerada como probatória.

Em contrapartida, o acento agudo, marcando a sílaba tónica, parece nada ter que ver com a abertura da vogal, a julgar pela exemplificação do autor: *agradecéra* em oposição com *agradecerá* [22].

De modo semelhante ao de João de Barros, embora decerto sem a mesma sistematização didáctica, Gândavo apresenta os seguintes casos: «Quando este articulo a, ou as, se ajuntar a algũs nomes femininos, a que se concede ou nega algũa cousa, terá um accento em cima, assicomo, á vossa geração se deve esta honra [...] [23].»

Poderemos interpretar esta ambiguidade como uma interferência entre a *primeira* e a *segunda articulação* da linguagem? Em qualquer caso, porém, parece-nos que é o *acento,* sinal auxiliar ou diacrítico cujas funções convergem com o uso do *h, é* = he, como veremos, que está na base desse jogo interferencial.

Incoerência — ou disparidade de critério — na qual incorre também João de Barros ao considerar dispensável «ésta lêtra *u*», «com que (g) fáça a prolaçám de ga, go, gu» [24], diante das vogais *e* e *i.*

[21] V. *Orthographia,* 13 r.
[22] *Ibid.*
[23] MAGALHÃES DE GANDAVO, *Orthographia,* 12 v.
[24] MAGALHÃES DE GANDAVO, *Orthographia,* 15 v - 16 r.

Dos problemas discutidos, só a este se refere Magalhães de Gân-davo, seguindo a doutrina unânime dos dois antecessores:

Se diante g, se seguirá u, ante e, e ante i, quando se pro-nunciar com força, assi como guerra, sangue, guitarra, guia, etc. E se não tever este u, ante e, ante i, terá a pronunciação desta maneira, assicomo, gente, geração [...] [25].

Ora, comparando a posição dos três doutrinadores que exigem a presença de *u* «quando (g) se pronunciar com força», com as grafias medievais segia = seja, agia = aja [26], reconhecer-se-á que em ambos os casos, embora em sentido inverso, se recorreu a uma vogal (respectiva-mente *u* e *i)* que assume uma função diacrítica.

A oitava letra da matriz alfabética herdada do latim colocava os linguistas e gramáticos das línguas vulgares (italiano, português e francês [27]) perante um problema. Mas a verdade é que, por outro lado, se lhes oferecia como um instrumento capaz de produzir a solução para outros problemas.

De facto, tratava-se de atribuir a uma substância gráfica um novo conteúdo de representação: a um elemento da sinalética gráfica — tor-nado (aparentemente) inútil — conferir a capacidade representativa, a qual vai apresentar-se, não unívoca, mas multivocamente.

É essa a natureza multívoca que, de algum modo, vem perturbar a *ordem* no sistema alfabético.

Se, por um lado, o *h* figura como letra no interior do alfabeto, a verdade é que o *poder* que detém não se identifica com o *poder* das

---

[25] Grafias ocorrentes com frequência na primeira metade do século XIII. Veja-se o *Testamento de D. Afonso III* (cf. *supra*, n.º 89 deste capítulo): «segia en poder da raina sa madre e meu reino segia en poder da raine e de meus vassalos ata quando agia revora».

[26] Situação paralela às grafias italianas atestadas, embora de certo carácter recessivo, como observa Migliorini, em que a função de *i* é claramente diacrítica. Cf. BRUNO MIGLIORINI, «Note sulla grafia italiana nel Rinascimento», in *Saggi Linguistici*, Felice Le Mounier, Firenze, 1957, p. 201: «La -i- con valori diacrítico è ancora adoperata molto irregolarmente nella scrittura, man mano più rare nella stampa sone scrizione come *Franciesco, conoscierò, agiente, guadagnio.*» Cf. ainda *ibid.*, pp. 216-217.

[27] Exclui-se o castelhano porque, embora os ortografistas castelhanos tenham tam-bém polivalenciado o *h*, o fonema inicial f > h *(hambre)* torna mais fácil que ele seja recebido no número das «letras». Cf. NEBRIJA, *Gramática*, p. 23.

outras letras: só lhes é semelhante em *figura*. A definição de letra dada por Nebrija («no es otra cosa la letra sino *figura* por la cual se representa la *boz* e pronunciacion») [28] engendra um debate interno acerca da consideração de *h* como «letra». É, pois, «letra imperfeita», visto que não tem «voz» e não se pronuncia por si só.

Para João de Barros, porém, cujo discurso gramatical foge ao tom polémico e até ao discurso expositivo, por economia didáctico-pedagógica, e apesar de considerar que «h tem os Latinos ser espiração e não lêtera» [29], *h* e também *til* entram no número delas e com elas se perfaz o número de trinta e quatro que compõem o mais audacioso dos alfabetos barrosianos [30]. É que, para o gramático, e com coerência com a sua própria definição de letra («a mais pequena párte de qualquér diçam que se póde escrever») [31], as «três cousas» que as «lêteras veéram ter» [32], a saber, *nome, figura, poder,* estão na natureza de *til* e de *h*. Logo, elas *são* letras, ainda que o autor insista: «Ésta figura *h* dos Latinos nam lhe chamam lêtera mas aspiraçám [33].»

Ora, o termo *aspiração* parece funcionar para Gândavo apenas como designativo ou *nome* de *h,* sem que se nos afigure referir-se, de algum modo, à aspiração fonológica que para os seus dois antecessores se apresentava somente no caso de algumas interjeições, e, mesmo assim, com certa reserva.

Examinando globalmente a postura dos ortografistas perante a existência primariamente injustificada de *h* na série alfabética, qualquer que esta fosse (quer se mantivesse fiel ao alfabeto latino quer tivesse sofrido as mutações ou implantes que a análise fonológica postulara),

---

[28] NEBRIJA, *Gramática*, p. 51. Sobre a questão do considerar *h* uma letra, eis o que diz Nebrija, *op. cit.*, pp. 22-23: «La *h* no sirve por si en nuestra lengua, mas usamos della para tal sonido cual pronunciamos enlas primeras letras destas diciones *hago, becho*; la cual letra, aunque enel latin no tenga fuerça de letra, es cierto que, como nos otros la pronunciamos hiriendo enla garganta, se puede contar enel numero delas letras, como los judios i'moros, *delos cuales nos otros la recebimos,* cuanto io pienso, la tienen por letra.» Itálico nosso: salvo melhor opinião, julgamos estar subjacente a este discurso o conceito massorético de *littera quiescens*.

[29] JOÃO DE BARROS, *Gramática,* p. 295.

[30] Cf. *ibid.*, p. 296.

[31] *Ibid.*, p. 295.

[32] *Ibid.*

[33] *Ibid.*, p. 382.

verifica-se que a essa «letra» são agora adstritas três funções: função etimológica, função distintiva e função diacrítica.

No caso da função distintiva, julgamos poder ainda identificar, como subfunções, a distinção gráfica e a distinção semântica, as quais por vezes se identificam ou coincidem com a função etimológica ou até com a função diacrítica [34]. Efectivamente, Magalhães de Gândavo escreve :

> Também a esta letra e, se ajuntará h, quando for verbo, que significa ser algũa cousa, quer negando quer affirmando, assicomo, he muito meu amigo. Não he quem parecia, etc. E isto não porque o tenha de sua origem, mas pera com elle denotar que he verbo como digo, e não conjunção. Posto que também costumão algũas pessoas por escusar este h, no tal verbo, escrevello somente com hum accento em cima desta maneira é. Finalmente que de qualquer destas se pode usar. Mas porque com este accento he muito pouco usado, e muitas pessoas o averão por novidade, ignorando pela ventura o que o tal accento denota, pareceme que sera mais acertado e melhor escrevello com h [...] [35].

Vemos, neste passo, que a função diacrítica — equivalente à do acento — coincide com a função distintiva [36].

Assim, a visão dos linguistas portugueses apresenta-se como uma visão moderada, intermédia entre o radicalismo do princípio ortofónico e do princípio etimológico. Não há, efectivamente, guerra movida contra o *h* etimológico, mas somente uma certa reserva quanto à sua «necessidade». Para Fernão de Oliveira, *h,* sinal de aspiração «na escritura e não na voz» [37], é, no entanto, admitido como marca etimológica, não

---

[34] Cf. B. MIGLIORINI, «Note sulla grafia italiana nel Rinascimento», in *Saggi Linguistici*. Veja-se ainda a síntese contrastiva oferecida por KUKENHEIM, *Grammaire italienne, espagnole et française*, pp. 60-62.

[35] MAGALHÃES DE GÂNDAVO, *Orthographia*, 16 v - 17 r.

[36] Cf. J. LEITE DE VASCONCELLOS, *Lições de Filologia Portuguesa*, publ. da Biblioteca Nacional, Lisboa, 1926, pp. 60-61 e ainda p. 223.

[37] FERNÃO DE OLIVEIRA, *Gramática*, p. 57.

fazendo mais «que só para mais certo conhecimento de quem são, como *homem*, o qual segue ainda a escritura latina, *haver* outro tanto» [38].

Gândavo é, neste passo, o mais explícito, ainda que apenas aceite (sem parecer recomendá-lo) o uso etimológico de *h*: «muy raramente, ou nunqua teremos necessidade em princípio de dição, usar mais delle, salvo em algũs vocabulos que o teverem de sua origem, assicomo homem, honra, honestidade, historia, etc.» [39]. No entanto, num rasgo que não deixa de ser surpreendente, o emprego do *h* etimológico é associado a essa instância quase abstracta e talvez por isso mesmo poderosa e incontestável: o uso. E é ele, de resto, que justifica alguns dos casos do emprego do *h* não etimológico e desprovido também de qualquer das outras funções que lhe são adstritas: «E pelo conseguinte he necessario usarse tambem deste h [...] não porque seja necessario [...] mas por razão de se entenderem e significarem melhor, conforme ao uso desta nossa linguagem, assicomo hum, hũa, hia, hi. Porem tirando estes, muy raramente, ou nunqua teremos necessidade [...] [40].»

É ao uso poderoso, mais uma vez impondo leis, que Fernão de Oliveira se submete sem discussão: «Mas, *hum* e *alghum, hi* e *ahi,* advérbios de ligar, *honra, honrado,* só de nosso costume os escrevemos sem mais outra necessidade [41].»

Assim, *h* não tem, para os gramáticos portugueses, nem voz nem virtude própria. É letra imperfeita, definição que se aproxima da designação de Salviati de «mezza lettera». Não tendo voz nem virtude, ela nem sequer tem nome: chamam-lhe aspiração, espiração. Só Fernão de Oliveira ousa chamar-lhe *aha*.

Inútil e sobeja, nada mais por si própria representando do que um sinal de aspiração — realidade fonológica duvidosa e precária — em interjeições que nem parecem de «bom riso português», essa «letra» fica, portanto, disponível para outras funções: como signo distintivo na

[38] *Ibid.*
[39] MAGALHÃES DE GÂNDAVO, *Orthographia,* 17 r - 17 v.
[40] *Ibid.*
[41] FERNÃO DE OLIVEIRA, *Gramática,* p. 57. Note-se que a exemplificação apresentada pelo autor contém um equívoco, corrigido já por Magalhães de Gândavo, ao apresentar os vocábulos *honra* e *honrado* como exemplos de *h* não etimológico mas conforme um uso arbitrário.

profilaxia gráfica e como diacrítico, modificando a «voz» das outras letras, quando «misturado» com elas, representando esses fonemas «novos» que no alfabeto «português» apresentam a «figura» de *nh, lh, ch.*

A flutuação no registo dos ditongos nasais que se verifica na *praxis* ortográfica, ainda que, doutrinariamente, todos os gramáticos pareçam estar de acordo, regride, no entanto, a partir da década-chave de 40. Se na *Gramática* de João de Barros -*am* e -*ão* finais oscilam, apesar do discurso categórico de Fernão de Oliveira [42], em 1574, Magalhães de Gândavo parece testemunhar uma doutrina já fixada, ao menos pelo uso, e facilitada, certamente, por um caso de «profilaxia verbal» [43], isto é, a fim de evitar a ambiguidade do discurso escrito. Diz, portanto:

> E estes verbos e todos os mais no plural, quando falarem do passado que fezerem o accento na penultima se escreverão com m, assicomo, alcançaram, louvaram, etc. E quando falarem do futuro que fezerem o accento na ultima, se escreverão com ão, assicomo alcançarão, louvarão, etc. [44].

E, contudo, hesita ainda: «Ou também se podem escrever com m, quer falem do passado quer do porvir, distinguindo esta duvida com os mesmos accentos da maneira que acima digo» [45].

---

[42] Parece-nos da maior importância, e por isso a transcrevemos, a exposição de FERNÃO DE OLIVEIRA, *Gramática*, p. 50: «Disse que esta letra *m* não é semivogal nem podem fenecer em ela as nossas vozes. Porque isto é verdade, que nesses cabos onde a escrevemos e também no meio das dicções em cabo de muitas sílabas soa uma letra muito branda que nem é *m* nem *n* [...]. Mas, a meu ver, de necessidade escrevamos nos tais lugares esta letra que chamamos *til*, ainda que a alguns parecera sobeja [...]. Aos quais eu pergunto se nas dicções que acabam em *ão* e *ães* e *ões* e *ãos* escrevemos *m* ou *n* e o pusermos entre aquelas duas vogais, que soará? Ou se o pusermos no cabo, que parecerá?»

[43] Aliás, também João de Barros se referiu a esse subtil «ofício» de *til*: obviar à anfibologia. E declara: «E em algũas dições onde ele *(m)* é final e que diante de si têm lêtera vogál, nunca o poremos, senám *til*, por nam fazer a párte anfibológica, como: cõ éstas e nam com éstas cá paréce que diz: cóme éstas.» (JOÃO DE BARROS, *Gramática*, p. 383.)

[44] MAGALHÃES DE GÂNDAVO, *Orthographia*, 18 v.

[45] *Ibid.* Veja-se também FERNÃO DE OLIVEIRA, *Gramática*, p. 50.

O processo de imposição e generalização da grafia dos ditongos nasais, provenientes da convergência das terminações -*om, -am, -ão,* em curso desde a reforma ortográfica da *Chancelaria Real de D. Dinis,* de que fala Lindley Cintra [46], está, pois, prestes a terminar, fixando-se na terminação -*ão. Til* representa, na ortografia portuguesa, uma marca de originalidade, na medida em que utiliza, de forma autónoma e diferenciada, um sinal que, ausente das grafias italiana e francesa [47], se traduz, na castelhana, apenas à função de abreviatura ou suprimento de *n* [48].

3. O opúsculo de Gândavo consta de duas «secções» correspondentes aos dois vectores da problemática segundo os quais se organizava o pensamento linguístico-gramatical no século XVI: por um lado, o problema da normalização ortográfica, por outro lado, o problema da dignificação linguística que se assume como uma «Questão da Língua», dotada, no entanto, de certa especificidade. Este último problema, que envolve não só aspectos técnicos como, principalmente, sócio-culturais, encontra no *Diálogo em defensam da mesma língua* o seu espaço discursivo.

Ora, na abordagem da «Questão da Língua», importa estabelecer, em primeira instância, o conceito e o modelo. Em seguida, tentar detectar a estratégia ou o percurso mental que, num determinado momento e lugar (o século XVI e em Portugal), levou à colocação de uma problemática complexa e até contraditória, conduzindo, enfim, à invenção de soluções. Importa descobrir por que vias, subtilmente, o latim passa a ser assumido e vai funcionar como um instrumento posto ao serviço do português. Importa também detectar como e porquê se opera a transferência dos tópicos da «Questão» e esta, deixando, de algum modo, cair o binómio dialéctico *latim/vulgar,* o assume apenas como binómio contrastivo, para criar uma nova dialéctica ou uma nova tensão

---

[46] Cf. L. F. Lindley Cintra, «Observations sur l'orthographe», p. 64: «C'est donc *entre 1265 et 1275* qu'on peut placer la réforme orthographique de la Chancellerie royale.»

[47] Note-se que não ausente como abreviatura ou «suprimento», já que paleograficamente procede de uma tradição latina e epigráfica.

[48] Observemos, portanto, que a atribuição do novo «ofício» — abreviatura de *m* — é uma inovação dos ortografistas portugueses.

que opõe duas línguas vulgares: o português e o castelhano. Como outras questões ou outros problemas, é no Renascimento e nas décadas da grande aventura linguística que esta vai ser colocada com audácia e até com alguma astúcia. Mas se, em outros casos, se verifica, por vezes, uma regressão nas décadas seguintes, em que os problemas não serão recolocados mas, num refluxo mental, obliterados ou escamoteados, no caso da «Questão da Língua», em termos de oposição português-castelhano, pelo contrário, verificar-se-á uma agudização, a que não é, por certo, alheio o contexto vicissitudinário das condições políticas.

Em cada momento, a história cultural — e sociológica — do homem coloca a sua «Questão da Língua». Ora, a profunda relação que existe entre «Questão da Língua» e todas as «questões» que sacodem com maior ou menor força o edifício sócio-cultural é, certamente, a mesma profunda relação que existe entre a língua em si própria e outros elementos da estrutura social. A língua é ou faz parte do aparelho ideológico, comunicativo e estético da sociedade que a própria língua define e individualiza.

Assim, o conceito que está na origem de uma «Questão da Língua» parte de uma dialéctica interna e mais profunda, que transcende, decerto, os limites mais ou menos académicos que exteriormente parece, por vezes, revestir [49].

Busca de identidade, resposta a uma crise que em cada momento se erige como um estímulo, um desafio e até uma aposta.

Quando os humanistas acentuam e exaltam a semelhança com o latim, implicitamente querem sublinhar a diferença, mais ainda, reivindicam o direito à diferença, em relação às outras línguas, com ou sem razão consideradas mais afastadas da língua-mãe: no caso presente, a diferença em relação ao castelhano, cujo estatuto de língua cortesã o tornava concorrente com o português como instrumento de expressão literária. Assim, o latim passa a estar ao «serviço» do por-

---

[49] Cf. A. GRAMSCI, *Gli intellettuali e l'organizzazione della cultura*, Einaudi, Torino, 1949, p. 153: «la lingua dovrebbe essere trattata come una concezione del mondo, come l'espressione di una concezione del mondo [...]».

tuguês, serviço polivalenciado, na medida em que é origem, modelo e fonte. É também razão de diferença[50].

Assim se define a verdadeira «Questão da Língua» em Portugal. E se a «Questão» (que é, no fundo, uma pseudoquestão) que põe em confronto o português e o latim apenas poderia envolver uma minoria culta, a elite intelectual dos humanistas[51], a «Questão» posta em termos de português-castelhano envolve, pelo contrário, os «latinos» e os «não latinos», os «gramáticos» e também aqueles «que escassamente sabem que cousa he nome, e que cousa he verbo»[52]. Não atinge, portanto, apenas a esfera de uma alta e restrita cultura, mas compromete a existência colectiva, em termos de comunidade linguística[53].

Ora, o binómio português/castelhano, aparentemente adversativo do binómio latim/português, traz, afinal, a neutralização deste, na medida em que a posição em relação ao castelhano releva de uma *praxis:* apresenta a iminência de um risco que os humanistas pressentem — o do predomínio da língua competitiva, forma de expressão de uma nação de algum modo rival — e em termos objectivos mais poderosa — no plano político interno e também no plano de uma política expansionista e imperial.

Assim, a reaproximação com o latim representa o estreitamento de um vínculo que, sendo tutelar, é também libertador. Daí decorrem profundas consequências culturais. Tentam-se reforçar os verdadeiros elos e encontrar, até, outros novos e por vezes artificiais, manobra inserida numa estratégia que, efectivamente, vai resultar. Com efeito, os próprios gramáticos castelhanos — e do castelhano — reconhecem esse parentesco prestigioso como a marca de uma diferença.

---

[50] Consideramos particularmente feliz a expressão que serve de subtítulo ao artigo de Eugenio Asensio, «Lourenço de Cáceres o el Latín al servicio del Português», in *Boletim Internacional de Bibliografia Luso-Brasileira*, vol. II, n.° 2; Fundação Calouste Gulbenkian, Lisboa, 1961.

[51] Cf. J. S. DA SILVA DIAS, *Os Descobrimentos e a Problemática Cultural do Século XVI*, Univ. de Coimbra, Coimbra, 1973.

[52] MAGALHÃES DE GÂNDAVO, *Orthographia*, 3 r.

[53] Remetemos de novo para Stegagno Picchio, *op. cit.*, p. 15: «Quando pertanto, in pieno Umanesimo, si portá anche per il portoghese un problema linguistico affine a quello che contrappone in Italia, in Spagna e in Francia il volgare al latino, un altro binomio, quello portoghese-castigliano, si sarà costituido in termini tali da influenzare il futuro corso dela 'questione della lingua' in Portogallo.»

Assim, o reconhecimento dessa diferença e, por ela, de uma autonomia, não deixa de trazer problemas de formalização. De facto, o ideal humanístico, preso, por definição, ao modelo da linguagem trifárica clássica, sugere a descoberta de novos mecanismos triádicos que permitam a preservação da harmonia do sistema. A «sedução» [54] da tríade invade o pensamento clássico, a partir do pensamento medieval, e participa de todos os sistemas taxinómicos, desde os géneros literários, até aos conceitos teológicos. Mas o facto é que parece que a obsessão trinitária que atingira o seu ácume e procurara cobrir a totalidade das áreas conceptuais antes que fosse tarde e antes que a invenção do real desdobrado na até então insuspeitada infinidade de realizações se tornasse definitivamente inclassificável e recusasse, para sempre, os esquemas trinitários, representações de uma harmonia abstratizante e perfeita. Ora, essa redução está agora prestes a entrar em colapso.

Na complicada carta linguística da Europa românica, os humanistas apontam, é certo, para um novo trifarismo (o trifarismo românico), que continua a ter como modelo o trifarismo clássico [55], de que é, afinal, «descendente». Instaura-se, por consequência, a tríade românica, cuja harmonia triangular, no entanto, abruptamente se rompe pela existência dessa quarta (ou quinta) língua, o português, cuja individualidade todavia lhes parecera irrecusável. Assim, se João de Barros se refere vezes sem conta à língua castelhana, em dado passo ele fala de língua «espanhol», como uma das que tomaram das «primeiras» (tríade clássica) «pártes de seus vocábulos [...]: Ũa déstas, é a italiana, outra a francesa, outra a espanhól» [56]. Não sem ambiguidade, porém.

---

[54] Sobre a «sedução» da tríade ver: C. GUILLEN, «Literature as System» (1970), in *Literature as System*, Princeton University Press, Princeton, 1971. A propósito do triadismo literário e de um modo expressivo diz, por exemplo, Gérard Genette: «Kaléidoscope taxinomique où le schèma trop séduisant de la triade ne cesse de se métamorphoser pour survivre, forme accueillante à tous sens.» (GÉRARD GENETTE, «Genres, 'types', modes», in *Poétique. Revue de théorie et d'analyse littéraires*, 32, Seuil, Paris, p. 408.

[55] Sobre a «nova tríade», ver Stegagno Picchio, *op. cit.*, p. 27: «Alla triade classica delle lingue eccelse, nell'ordine l'ebraico, il greco e il latino, Barros oppone in campo moderno la nuova triade affidata ad una più recente storia di prestigio letterario: italiano, francese e spagnolo. Traspare da questa realistica impostazione del problema, la quale non postula neppure in questa sede la candidatura del portoghese, una coscienza europea di cui dobbiano pur rendere gli atto.»

[56] JOÃO DE BARROS, *Diálogo em louvor da nóssa linguágem*, p. 396.

Efectivamente, a designação parece cobrir unitariamente, para João de Barros, a diversidade das línguas ibéricas, sem embargo da diversidade interna do espaço hispânico. Mas, em contradição, logo a seguir, «língua espanhól» reaparece na boca de António, e desta vez coincide com o conceito de língua castelhana: «Pois muitos dizem que a *língua espanhól* é desfaleçida de vocábulos, e que, quanta vantáge tem a italiana à *castelhana,* tanto ésta exçéde a portuguesa [...] [57].» Afinal, duplicidade semelhante àquela que sobrepõe as designações da *italiana* e *toscana* [58]. Eis, portanto, perdido o modelo triádico, por imposição do real por vezes de face anárquica e de algum modo perturbadora.

Mas a consciência contrastiva do português e do castelhano desenvolve-se segundo duas hipóstases. Se a *diferença* (fundamentada na *semelhança* com o latim) garante a individualidade do português como uma das línguas de Espanha, esta individualidade, enobrecida pela dignidade da origem, encontra, uma vez mais, no seu paradigma latino-romano, um estímulo e um modelo: língua capaz de servir como instrumento de soberania, ideal que Lourenço de Médicis havia já concebido, ao sonhar com o *fiorentino imperio.* A consciência românica, transformada em consciência ibérica, sofre agora uma derradeira e talvez dolorosa metamorfose e assume-se como consciência imperial. Individualizada, nobre, viril, graciosa, expressiva e copiosa de tal modo que «a quem nam faleçer matéria e engenho [...] nam lhe faleçeram vocábulos» [59], a língua serve agora um ideal expansionista — o ideal do homem português de quinhentos.

A «Questão da Língua», instância da autonomização e afirmação histórica — em véspera de declínio —, parece, pois, desenvolver-se em três momentos que correspondem, de alguma maneira, a três inflexões do mesmo modo de pensar.

Primeiro, como confirmação de uma consciência nacional, em relação ao castelhano, já que em relação ao latim não nos parece que tenha

---

[57] *Ibid.,* p. 397. Itálicos nossos. É evidente que a reflexão de António, admitindo a superioridade do espanhol-castelhano, vai ser imediatamente rebatida pelo interlocutor de António.

[58] *Ibid.*

[59] *Ibid.,* p. 400.

havido «questão», no sentido polémico e reivindicativo que a designação sugere. Neste primeiro momento, distingue-se, com evidência, uma componente político-cultural: a língua é o instrumento de criação de uma literatura e esta serve a superação de uma possível diferenciação cultural. Mais uma vez, o paradigma latino-romano intervém como exemplar [60].

Mas, num segundo momento, a «Questão da Língua», inserida já em diferente contexto político-social, correspondente ao conceito de *Império,* torna-se num instrumento novo de uma ideia nova. A breve euforia expansionista e a perseverante missionação, que buscam mais uma vez o seu modelo justificativo no exemplo latino-romano, fazem da língua o seu mais subtil instrumento [61].

Mais tarde, num terceiro momento, porém, a «Questão da Língua» surge de novo metamorfoseada, mas sempre articulada ao binómio português/castelhano. E é após a instauração da dinastia filipina que a consciência do factor linguístico como factor de autonomia política surge com maior agudização. Nesse aspecto e muito próximo ainda do acontecimento, parece significativa a alteração do texto de Gândavo da primeira edição (1574) para a segunda (1590) [62].

Todo este processo metamórfico se situa cronologicamente nesse século «extenso», o século XVI, e a partir da década-chave de que a obra

---

[60] Além de outros passos mencionados que ilustram este conceito, sublinharemos a seguinte reflexão de Fernão de Oliveira, significativa, sobretudo, por contraste com o seu frequente antilatinismo: «Porque Grécia e Roma só por isto ainda vivem, porque quando senhoreavam o Mundo mandaram a todas as gentes a elas sujeitas aprender as suas línguas e em elas escreviam muitas boas doutrinas [...]. E desta feição nos obrigaram a que ainda agora trabalhemos em aprender e apurar o seu, esquecendo-nos do nosso.» (FERNÃO DE OLIVEIRA, *Gramática,* p. 42.) O autor tem, pois, uma clara consciência da autonomia linguística como corolário da autonomia nacional: «a língua e a unidade dela é mui certo apelido do reino, do senhor e da irmandado dos vassalos». (*Ibid.,* p. 88.)

[61] Cf. CARLO TAGLIAVINI, *Le origini delle Lingue Neolatine,* Riccardo Pátron, Bologna, (1970), em especial «Romània perduta e Romània nuova», pp. 130-133.

[62] Na edição de 1574 existe já uma referência, sob a forma de alusão, à obra de Camões e ao conteúdo da estrofe 33 do canto I. Mas, na edição de 1590, Gândavo amplia essa referência, extraindo dela todo o seu conteúdo apologético: «com tudo lembrame dizervos para remate, e confirmação da vantagem, que a lingoa portugueza tem sobre todas as mais, o que o nosso celebrado Camoens nos conta, ou finge daquella affeição, que Venus chegara a ter aos Portuguezes, enamorada não somente do seu raro valor, mas ainda da excellencia da sua lingoa, dizendo assim Na qual quando imagina / Com pouco corrupção crê, que hé Latina». (MAGALHÃES DE GÂNDAVO, *Diálogo em defensão,* 1590, 28 r.)

de Fernão de Oliveira, em 1536, é um prelúdio significativo. E a última metamorfose desse processo dá conta, segundo cremos, em outro contexto e noutra dimensão político-social e estética, da criação do universo conceptual do barroco e das novas categorias mentais alcançadas [63].

Ora, durante os decénios que desencadeiam e fecham o processo de que nos ocupamos, julgamos distinguir, nos três doutrinadores portugueses, Oliveira, Barros e Gândavo, três posições diferenciadas que visam — e conseguem —, segundo ópticas e estratégias também diferenciadas, um objectivo comum: a dignificação do português como língua autónoma e instrumento totalmente capacitado para todas as aventuras da comunicação.

Ao discurso dos três subjaz a mesma situação que a *praxis* impunha, a despeito das vozes de protesto que provinham, sobretudo, de um grupo de humanistas que assume a defesa da língua: a situação de bilinguismo literário e palaciano, a que raramente escaparam os poetas de uma corte que se tornara, por alianças matrimoniais, uma corte luso-castelhana [64].

Perante a mesma situação, porém, a estratégia dos três doutrinadores quinhentistas assume práticas diferentes. Se Oliveira é muito mais severo em relação ao binómio latino-português, é mais atenuada a sua consciência do desenvolvimento do castelhano como língua literária [65]. Barros anula qualquer oposição quanto ao primeiro binómio, que, na

---

[63] A análise do desenvolvimento dessa metamorfose sai já do âmbito cronológico-temático deste estudo, pelo que nos escusamos de nos debruçarmos sobre esse processo complexo.

[64] Sobre o bilinguismo palaciano e literário do século XVI, veja-se: Luciana Stegagno Picchio, «La Questione della Lingua in Portogallo»; Jorge Ferreira de Vasconcelos, *Comedia Eufrosina*, texto de la edición príncipe de 1555 con las variantes de 1561 y 1566, Edición, prólogo y notas de Eugenio Ascensio, Madrid, 1951: «Prólogo», t. I., pp. VII-XCIII.

[65] É, no entanto, significativo que Fernão de Oliveira dedique um excurso de certo modo longo à utilização, que considera aberrante, da expressão *el-rei*: «Aqui quero lembrar como em Portugal temos uma coisa alheia e com grande dissonância, onde menos se devia fazer, a qual é esta: que a este nome *rei* damos-lhe artigo castelhano, chamando-lhe *el-rei*. Não lhe havíamos de chamar senão o *rei*, posto que algũs, doces de orelhas, estranharão este meu parecer, se não quiserem bem olhar quanto nele vai. E com tudo isto, abasta para ser a minha melhor música que a destes, porque o nosso rei é senhor, pois tem terra e mando: tenha também nome próprio e distinto por si, e a sua gente tenha fala ou linguagem não mal misturada mas bem apartada [...].» (FERNÃO DE OLIVEIRA, *Gramática*, p. 111.) Discurso que deixa de ser linguístico para ser político.

verdade, e já o dissemos, não chega a constituir matéria de «questão». Para ele, o latim é sempre o modelo exemplar e a razão de prestígio. E, quanto ao castelhano, a oposição implícita toma uma forma discreta (ou não fosse ele o escritor palaciano sempre elegante e atento à contenção do seu discurso) e exprime-se por dois modos: por um lado, colocando o castelhano a par do italiano e do francês, ao mesmo nível de distanciamento [66]; por outro lado, assumindo como seu contraponto a enumeração das excelências do português.

Mas é na obra de Magalhães de Gândavo, no seu *Diálogo em defensão,* que, de facto, encontramos com perfeita clareza o nó do problema. Assim, enquanto Oliveira se serve do espaço discursivo da sua «anotação» para colocar os seus pontos de vista, enquanto Barros utiliza o processo dialógico, «falso» diálogo, em que escamoteia a relação axiológica entre o *eu* e o *tu,* na medida em que a hierarquização dos interlocutores postula a autoridade de um deles e ambos são portugueses, pelo contrário, Gândavo coloca num frente-a-frente audacioso o português Petrónio e o castelhano Falêncio. E a verdade é que o diálogo de ambos poderia até, à partida, transformar-se num debate talvez acre: de certo modo, podemos dizer que só a paciência de Falêncio e a cortesia de ambos terá evitado o azedume da despedida [67]...

---

[66] Entre os vários lugares onde se verifica essa distância *simétrica* do português em relação às outras três «línguágens presentes», citamos: «a prolaçám e ár que temos da linguágem, diferente das outras nações, temos no módo de cantár, cá mui estranha compostura é a françesa e italiana e espanhól [...]». (JOÃO DE BARROS, *Diálogo em louvor da nóssa linguágem,* p. 399.)

[67] Na edição de 1574, Falêncio despede-se do arguto Petrónio dizendo: «Y por esse demos fin a nuestra disputa, y seamos amigos como siempre fuimos, que lo demais poco nos importa.» (*Diálogo em defensão,* 36 r.) Na edição de 1590, após a citação dos versos de *Os Lusíadas* (I, 33), o narrador dá fim ao debate, dizendo: «Esta razão faz dar fim á pratica do Portuguez, e Castelhano, os quaes se despedirão hum do outro com aquella cortezania, que hé propria daquelles genios inclinados a instruiremse seem aferro, nem apego aos seos sentimentos proprios.» (*Diálogo em defensão,* 28 r.) A transformação censurada da parte final do *Diálogo* não é estranha, indubitavelmente, à nova situação política. No entanto, até ao presente, não se conhecendo com precisão a data da sua morte (sabe-se que era ainda vivo em 1576), não podemos atribuir ao autor, com segurança, a responsabilidade da alteração do texto da edição *princeps.* Sobre a biografia algo duvidosa de Gândavo, veja-se: Diogo Barbosa Machado, *Biblioteca Lusitana* (Lisboa, 1741; Coimbra, 1965-1967; Luís de Matos, «Pêro de Magalhães de Gândavo e o Tratado da Província do Brasil», in *Boletim Internacional de Bibliografia Luso-Brasileira,* vol. III, 1965, pp. 625-639.

Contudo, pensamos que é nesta formulação quase primária, imediata e fundamentada numa argumentação por vezes ingénua, que, a nível de uma população destinatária, cujo índice cultural não atinge a erudição, o projecto de dignificação da língua pode encontrar eco e frutificar. E de novo, neste aspecto também, a personalidade diferenciada dos três doutrinadores do século XVI se afirma em coerência com a globalidade da obra de cada um: Oliveira, polémico, Barros, palacianamente diplomático, e, finalmente, Magalhães de Gândavo, realisticamente empenhado num programa de divulgação cultural.

OBRAS DE PÊRO DE MAGALHÃES DE GÂNDAVO

Regras que ensinam a maneira de escrever e orthographia da lingua Portuguesa, com hum Dialogo que adiante se segue em defesam da mesma lingua, 1.ª ed., na Officina de Antonio Gonsalves, Lisboa, 1574; 2.ª ed., Belchior Rodrigues, Lisboa, 1590; 3.ª ed., em conjunto com os *Exemplares de Diversas sortes de Letras, tirados da Polygraphia de Manuel Baratta,* Alexandre Siqueira, à custa de João de Ocanha, Lisboa, 1592; 4.ª ed., Alexandre Siqueira, 1592; 5.ª ed., leitura sobre a edição *princeps* de Rolf Nagel, in *Aufsätze zur Portugiesischen Kulturgeschichte,* 9. band 1969: ver NAGEL, «Die Orthographieregeln». Ed. consultadas: Lisboa, 1574, e Lisboa, 1590 (Ocanha).

História da provincia sãcta Cruz à que vulgarmète chamamos Brasil, 1.ª ed., na Officina de Antonio Gonsalves, Lisboa, 1576; 2.ª ed., in *Revista do Instituto Historico e Geografico Brasileiro,* XXI, Rio de Janeiro, 1858; 3.ª ed., Academia Real das Sciencias, Lisboa, 1858; 4.ª ed., Aldina, Rio de Janeiro, 1910; 5.ª ed., Anuário do Brasil, Rio de Janeiro, 1924. *Tratado da Província do Brasil,* ed. de Emmanuel Pereira Filho, INL, Rio de Janeiro, 1965. Ed. consultada: Rio de Janeiro, 1965.

BIBLIOGRAFIA SELECTIVA

ALMEIDA, Justino Mendes de — «Uma Gramática Latina de João de Barros», in *Euphrosyne,* II, Lisboa, 1959.

ALMEIDA, Justino Mendes de — «O culto do idioma pátrio», separata do *Boletim da Sociedade de Geografia de Lisboa,* Jan.-Março, Lisboa, 1968.

ASENSIO, Eugenio — «La Lengua compañera del Imperio. Historia de una idea de Nebrija en España y Portugal», in *Revista de Filologia Española,* XLIII, 1960. Republicado in *Estudios Portugueses,* Fundação Calouste Gulbenkian, Centro Cultural Português, Paris, 1974.

ASENSIO, Eugenio — «Lourenço de Cáceres o el latín al servicio del portugués», in *Boletim Internacional de Bibliografia Luso-Brasileira,* Fundação Calouste Gulbenkian, II, 2, Lisboa, 1961.

BUCETA, E. — «La tendencia a identificar el español con el latín. Um episodio cuatrocentista», in *Homenaje a Menéndez Pidal,* I, 1926.

BUENO, Francisco da Silveira — *A Formação Histórica da Língua Portuguesa,* Livraria Acadêmica, Rio de Janeiro, 1958.

BUESCU, Maria Leonor Carvalhão — «Dois ortografistas portugueses do século XVI», in *Boletim de Filologia,* Lisboa, 1971.

BUESCU, Maria Leonor Carvalhão — *Gramáticos Portugueses do Século XVI,* Instituto de Cultura Portuguesa, Lisboa, 1978.

CINTRA, L. F. Lindley — «Observations sur l'ortographe», cit.

COELHO, Jacinto do Prado — «Linguística», in *Dicionário de Literatura,* Figueirinhas, Porto, 1973, s/v.

COUTINHO, Ismael de Lima — *Gramática Histórica Portuguesa,* Livraria Acadêmica, Rio de Janeiro, 1962.

CUESTA, Pilar Vásquez, e LUZ, Maria Albertina Mendes da — *Gramática Portuguesa,* 1.º vol., Gredos, Madrid, 1971.

FAÇON, Nina — «Concetti progressivi nella 'Questione della lingua'. Muratori e Salvini», in *Recueil d'Études Romances,* Ed. de l'Académie, Bucarest, 1959.

FERNANDES, Rogério — *O Pensamento Pedagógico em Portugal*, Instituto de Cultura Portuguesa, Lisboa, 1978.

GARCIA, José Martins — *As ideias linguísticas em Portugal no século XVI*, dissertação de licenciatura em Filosofia Românica, dactilografada, Faculdade de Letras, Lisboa, 1969.

GONÇALVES, F. Rebelo — «História da Filosofia Portuguesa. I — Os Filólogos Portugueses do século XVI», in *Boletim de Filologia*, IV, 1939.

GRAMSCI, A. — *Gli intellettuali e l'organizzazione della cultura*, Einaudi, Torino, 1949.

GRAMSCI, A. — *Letteratura e vita nazionale*, Einaudi, Torino, 1952.

GUILLEN, C. — «Literature as System» (1970), in *Literature as System*, Princeton University Press, Princeton, 1971.

JONG, M. de — *Um Roteiro Inédito da Circum-navegação de Fernão de Magalhães*, Faculdade de Letras, Coimbra, 1937.

KOHNT, Karl — *Las teorias literarias en España y Portugal durante los siglos XV y XVI*, Consejo Superior de Investigaciónes Científicas, Madrid, 1973.

LOURO, Estanco — *Gramáticos Portugueses do Século XVI: F. de Oliveira, J. de Barros, P. de M. de Gândavo, D. N. do Leão*, Ressurgimento, Lisboa, s/d.

MAMCZARC, Irena — «Alcuni aspetti della questione della lingua in Polonia nel cinquecento», in *Studi sulla questione della lingua presso gli slavi*, Edizioni dell'Ateneo, Roma, 1972.

MATOS, Luís de — «Pêro de Magalhães de Gândavo e o *Tratado da Província do Brasil*», in *Boletim Internacional de Bibliografia Luso-Brasileira*, III, Lisboa, 1962.

MATOS, Luís de — «Gândavo, Pêro de Magalhães de (século XVI)», in *Dicionário de História de Portugal*, dirigida por Joel Serrão, Figueirinhas, Porto, 1971, s/v.

MIGLIORINI, Bruno — «La questione della lingua», in *Questioni e correnti distoria letteraria*, Marzorati, Milano, 1949.

NAGEL, Rolf — «Die Orthographieregeln des Pêro de Magalhães de Gândavo», in *Aufsätze zur Portugiesischen Kulturgeschichte*, Herausgegeben von Hans Flasche, Aschendorffsche Verlagsbuchhandlung, Münster Westfalen, IX, 1969.

NETO, Serafim da Silva — *Manual de Filologia Portuguesa*, Livraria Acadêmica, Rio de Janeiro, 1957.

NOGUEIRA, Rodrigo de Sá — «Contribuições para a História da Filologia Portuguesa», in *Congresso do Mundo Português*, Publicações, XIII, Lisboa, 1940.

PEREIRA FILHO, Emmanuel — «As 'Regras de Ortografia' de Pêro de Magalhães de Gândavo», in *Revista Brasileira de Filologia*, 6, 1, Rio de Janeiro, 1961.

PEREIRA FILHO, Emmanuel — «Gândavo e Luís de Camões», in *Revista Brasileira de Filologia*, 5, 1-2, Rio de Janeiro, 1959-1960.

PEREIRA FILHO, Emmanuel — «As duas versões do *Tratado* de Pêro de Magalhães de Gândavo», in *Revista do Brasil*, n.º 21-22, Março-Junho, Rio de Janeiro, 1961.

PICCHIO, Riccardo — «Questione della lingua e Slavia Cirillometodiana», in *Studdi sulla questione della lingua presso gli slavi,* Edizioni dell'Ateneo, Roma, 1972.

PINTO, Rolando Morel — «Gramáticos Portugueses do Renascimento», in *Revista de Letras,* São Paulo, 1961, e separata da *Revista de Portugal* — Série A — *Língua Port.,* vol. XXVII, Lisboa, 1962.

SEGRE, Cesare — «Uno studio sociologico di stori della lingua», in *Itinerari,* 1956.

SILVEIRA, Joaquim da — «Gândavo, não Gandavo», in *Brasília,* III, Coimbra, 1946.

STEGAGNO PICCHIO, Luciana — «La questione della lingua in Portogallo», in João de Barros, *Diálogo em louvor da nóssa linguágem,* Soc. Tipográfica Modenese, Modena, 1959.

TAGLIAVINI, Carlo — *Le origini delle lingue neolatine. Introduzione alla Filologia Romanza,* Ricardo Pàtron, Bologna, 1970. Especialmente: «Romània perduta e Romània nuova», pp. 130-133.

TERRACINI, Lore — «Appunti sulla 'coscienza linguistica' nella Spagna del Rinascimento e del secolo d'oro», in *Cultura Neolatina,* XIX, 1959.

TEYSSIER, Paul — «La prononciation des voyelles portugaises au XVIème siècle d'après le système orthographique de João de Barros», in *Annali dell'Istituto Universitario Orientale,* Sez. Romanza, Napoli, 1966, pp. 127-198.

VASCONCELOS, Frazão de — «Ortografistas portugueses dos séculos XVI a XVIII», in *Liceus de Portugal,* III, Lisboa, 1932.

VASCONCELOS, Jorge Ferreira de — *Eufrosina,* ed. Eugenio Asensio, Madrid, 1951.

VASCONCELOS, José Leite de — «A filologia portuguesa», in *Opúsculos,* vol. IV, Imprensa da Universidade, Coimbra, 1929.

VIANA, Hélio — «A primeira versão do *Tratado da Terra do Brasil*», in *Revista História,* São Paulo, 1953.

VILLEY, Pierre — *Les sources italiennes de la «Déffense et Illustration de la langue françoise»,* Slatkine, Genève, 1969.

Lisboa, 1981.

Introdução à ORTOGRAFIA
E ORIGEM DA LÍNGUA PORTUGUESA (1596-1606)

Imprensa Nacional-Casa da Moeda, 1983

DUARTE NUNES DO LEÃO

Quando Platão, no *Crátilo,* emite a opinião de que para cada ser existe uma designação exacta por natureza, aborda um problema de ordem especulativa, que, todavia, vai servir de ponto de partida para a elaboração, por Aristóteles, de todo um sistema de categorias que explicam a constituição da frase, a sua divisão em unidades e classes de palavras. As categorias lógicas de «substância», «qualidade» e «quantidade», por exemplo, transparecem claramente nas categorias gramáticas de «substantivo», «adjectivo» e «advérbio».

Nessa correspondência lógico-gramatical, condicionando-se reciprocamente, reside, talvez, a fundamentação teórica da própria constituição da gramática. Por outro lado, o facto de essa sistematização se dever a Aristóteles garante, durante a Idade Média — aristotélica —, a conservação da correlação estabelecida entre a lógica e a gramática.

Assim é que a organização da gramática clássica, como legado grego, em suma, sistematizada pelos Alexandrinos, alcança uma projecção divulgativa através dos gramáticos da época romana, voltados para um pragmatismo que os leva a reduzir a quadros sistemáticos a especulação teórica construída pelos Gregos. Donato, Prisciano, Isidoro, herdeiros do didactismo formativo de Quintiliano, transmitem, pois, um saber gramatical que, embora despojado de uma grande parte da sua fundamentação especulativa e teórica, adquire uma feição quase pragmática e se destina a ensinar a bem falar e bem escrever (o latim) segundo os modelos prestigiosos.

Efectivamente, a Igreja Romana, ao escolher para uso litúrgico e didáctico a língua latina, preserva a gramática e a retórica e com elas um resto da cultura enciclopédica dos antigos, nas sete artes liberais. Os mosteiros do reino franco e os centros culturais cristãos da Espanha, entre os quais Braga e Palença, por exemplo, tornam-se a salvaguarda dessa herança cultural ameaçada pelo domínio bárbaro e mais tarde pelos Árabes.

Como disciplina do *Trivium* medieval, a gramática apresenta-se como uma disciplina *omnipresente,* indissoluvelmente ligada à retórica, subsidiando a lógica e a dialéctica, presidindo à arte oratória. A programação e os ditames das escolas episcopais, monásticas e paroquiais da Idade Média do Ocidente europeu mostram claramente essa omnipresença da gramática latina, sinónimo de gramática *tout-court.*

Não será senão nos tempos modernos, quando começa a ser posta em causa a validade universal da lógica aristotélica, que a aliança lógico-gramatical estabelecida começa a ser abalada.

Entretanto, a ciência gramatical passa pela «revisão» do Renascimento: o conceito de gramática e o campo significativo da própria designação vão passar por um exame crítico que conduzirá a profundas alterações.

Essa revisão ou contestação esboçara-se já no âmbito da gramática como parte do *Trivium*, através da controvérsia entre os *realistas* (as palavras são motivadas e reflectem os conceitos ou ideias) e os *nominalistas* (as palavras são arbitrárias e resultam de uma convenção). Efectivamente, a constituição do vocabulário afigurava-se como o facto primeiro da linguagem: dar nome às coisas — satisfação de uma necessidade social e psicológica — teria sido a primeira função da linguagem. É, nesse sentido, citado frequentemente o verso de Lucrécio: *Utilitas expressit nomina rerum* [1]. É nesses termos que a questão teórica é recebida pelos renascentistas. E é nesse sentido também que, no seu *Diálogo* com António, João de Barros afirma: «Eu não digo que [Adão] pôs nome

---

[1] *De Rerum Natura,* V.

àquelas [coisas] que os homens inventaram para suas necessidades e deleitações, mas às que foram criadas [...] [2].»

Podemos ver aí talvez o primeiro ponto da controvérsia linguística, que irá depois estender-se a outros aspectos, mediante uma problemática que, menos teórica e mediata mas antes testemunhal e imediata, punha em causa especificamente o problema das línguas vernaculares.

Ao chegarmos ao Renascimento, após a obra *De Vulgari Eloquentia*, de Dante, ainda preso ao pensamento medieval e, portanto, dialecticamente empenhado em problemas especiosos (falou primeiro a mulher ou o homem? qual a língua utilizada pelos anjos?), encontramos o problema linguístico e, por contingência, gramatical, construído entre duas coordenadas:

— o sistema gramatical ligado à tradição latino-humanística da Idade Média;
— a construção de um esquema gramatical aplicável e desde logo e «experimentalmente» aplicado às línguas modernas, como passo para a nobilitação destas.

É que, efectivamente, a gramática medieval era, por antonomásia, como vimos, a gramática latina (não esqueçamos a recessão dos estudos helenísticos durante o período medieval); e a língua latina era a única dotada de prestígio; a sua orgânica a única capaz de corresponder a esquemas lógicos.

Ora, durante o período quatrocentista assistimos a um progressivo movimento de imposição do uso do vulgar em concorrência com o latim. Paulatinamente mas em definitivo, os decretos e documentos legais são redigidos nas línguas vulgares. Começam a generalizar-se as traduções de obras clássicas, mediante a progressiva necessidade de acesso a esses textos por homens não latinistas. Os humanistas do Renascimento, tão devotadamente apaixonados pelas boas letras e estilo, não deixam de contribuir, efectivamente, para o desenvolvimento das línguas

---

[2] *Diálogo em louvor da nóssa linguágem*, in JOÃO DE BARROS, *Gramática da Língua Portuguesa*, Fac. de Letras, Lisboa, 1971, p. 394.

vernaculares, em estreita relação com o vigoroso florescimento das literaturas nacionais. Os grandes escritores e poetas contribuem para a determinação do «bom uso»; a poesia e a sua popularização promovem a fixação de uma norma que é necessário codificar. Ora, o florescer do humanismo, num conceito agora mais amplo, e esse «bom uso» determinado, faziam sentir a necessidade de submeter a língua vulgar a regras precisas. Para a língua italiana, a primeira obra é anónima: *Regole della lingua fiorentina* (1495). Enquanto Bembo tencionava apresentar *Prose della volgar lingua* (só publicada em 1525), Gian Francesco Fortunio publicava, em 1516, *Regole grammaticali della volgar lingua,* constando de dois livros, correspondentes à morfologia e à ortografia. Em 1529, Trissino publica a *Grammaticheta* (que dizia pronta em 1524), descritiva e pragmática. No mesmo ano, Trissino publica as *Dubii grammaticali,* sobretudo referidas ao problema ortográfico. Em 1533, Marco António Ateneo Carlino publica a *Grammatica volgar dell'Atheneo,* em que, todavia, só trata do *Nome.* Em 1545, em Veneza, Giacomo Gabriele publica *Regole grammaticali* e, na mesma cidade, em 1549, Rinaldo Corso dá à estampa *Fondamenti del parlar toscano;* em 1550, Lodovico Dolce, *Osservationi della volgar lingua.*

A língua vulgar abre definitivamente caminho, não obstante as vozes que ainda se levantam a defender a primazia do latim: Romolo Amaseo, em 1529, pronuncia duas orações *De linguae usu retinendo,* mas essa posição é vigorosamente rebatida por Ariosto, Guicciardini, Pietro Bembo e Machiaveli. Por seu lado, Leon Battista Alberti assume uma posição conciliatória, declarando que o italiano *não* é inferior ao latim.

Igual ou semelhante efervescência na luta pela dignificação da língua vernacular, para o castelhano. O *Diálogo de la lengua,* de Juan Valdés (1535), e a obra de Ludovico Vives, mas, principalmente, a de António de Nebrija, *Reglas de Ortografia* (1517) e *Gramatica Castellana* (1492), tão profundamente imbuídos por um forte sentimento de exaltação nacionalista, são, talvez, os mais importantes testemunhos dessa tenaz reivindicação de um prestígio que, alcançado de facto, restava estabelecer de direito. Na mesma intenção, Pedro Simón Abril apresenta a Filipe II a vantagem de se ensinarem os moços em língua vulgar e de lhes ser ministrado o ensino da gramática castelhana *antes* da latina. Alteração pedagógica que não deixa de ter implicações culturais e sociais e que já em 1540, no seu *Diálogo em louvor da nóssa linguágem*, ocupara uma parte da argumentação do gramático português João de Barros [3].

Robert Estienne, cuja actividade se prolonga desde 1526 até 1558, Meigret (com o *Traité touchant le commun usage de l'escriture françoise*, de 1542 e 1545, e com *Le tretté de la grammere françoeze*, de 1550), Jacques Peletier (com o *Dialogue de l'ortografe*, de 1515) e Du Bellay (com a *Défense et illustration de la langue françoise*, de 1549), são os principais representantes desse movimento de dignificação da língua francesa, que, a partir de 1539, por decreto de Francisco I, passa a substituir a latina nos documentos oficiais. Em 1606 surge o primeiro vocabulário francês, o *Thresor de la langue françoyse*, de Nicot.

Para o português a questão não se apresenta na mesma perspectiva. Sendo a língua nacional um elemento de reforço entre os diversos grupos étnicos, verifica-se que precocemente o português foi uma língua correspondente a um espaço geográfico nacional, ao contrário do italiano, por exemplo. Embora humanistas, médicos, eclesiásticos e juristas utilizassem o latim, nunca este foi uma língua literária, mas um índice de erudição. Assim, a questão, menos aguda (orientada antes no sentido do bilinguismo português-castelhano), promove a imposição do português de forma mais natural e menos polémica.

Não obstante, os humanistas portugueses não se alheiam do problema linguístico-gramatical que agitava a Europa culta de então. Em pleno período quinhentista, surgem as primeiras cartinhas e gramáticas, a que se associa desde logo uma segunda perspectiva do problema gramatical: a questão ortográfica. Pêro de Magalhães de Gândavo dá à estampa em 1574 as suas *Regras que Ensinam a Maneira de Escrever e Ortografia da Língua Portuguesa;* o bispo Frei João Soares, *Cartinha para Ensinar a Ler, com as Doutrinas da Prudência Adjunta Uma Solfa de Cantigas para Atiçar a Curiosidade* (1554); Fernão de Oliveira, *Gramática da Língua Portuguesa* (1536); João de Barros, *Cartinha para*

---

[3] *Diálogo*, ed. cit., pp. 405-406.

Aprender a Ler (1539) e *Gramática da Língua Portuguesa,* seguida do *Diálogo em louvor da nóssa linguágem* (1540).

Podemos, pois, dizer que a partida estava ganha: a gramática das línguas vulgares estava constituída, não obstante a sua mais aparente do que real subordinação aos esquemas paradigmáticos da gramática latina.

Após o período de equilíbrio e serenidade, que, apesar da efervescência espiritual, parece caracterizar o Renascimento como uma nova idade clássica, o estudo da linguagem será agora posto na presença imediata do problema central que domina o conjunto da história espiritual do século XVII; o problema da subjectividade que tenta afirmar-se através de uma visão mais larga e mais profunda da realidade. Saindo a subjectividade da estreita concepção empírico-psicológica, ela sai da esfera da simples existência contingente e da actividade arbitrária e transitória e reconhece a sua «forma» especificamente espiritual. Gianbattista Vico (1668-1744), nos seus *Principi di scienza nuova d'intorno alla commune natura delle nozzioni,* coloca o problema da linguagem no conjunto de uma metafísica universal do espírito. A etimologia é puramente especulativa e não baseada em dados históricos ou considerações críticas. Segundo ele, as línguas modificam-se por influência de invasões, e por isso o alemão é uma língua-mãe, porque o povo respectivo nunca foi conquistado.

Ora, se analisarmos as «matrizes» conceptuais que constroem a obra de Nunes do Leão, sobretudo se as pusermos em paralelo com as dos seus predecessores de apenas cerca de meio século, facilmente verificamos que ela se insere no conjunto conceptual do barroco. Verificaremos ainda que a correlação lógica/gramática, postulada, como vimos, por Aristóteles e conservada pelo pensamento medieval, desembocando na sistematização pragmático-normativa do Renascimento, se rompeu finalmente. Por outro lado, se considerarmos que o barroco representa não só uma atitude ou uma forma de expressão estética mas, muito mais do que isso, uma vivência ou uma experiência existencial, testemunho de uma crise religiosa, social e cultural, testemunho, enfim, de um tempo de ruptura, importa distinguir em que medida o facto de a *Origem* ter sido composta num momento que podemos situar nos alvores do barroco pode ter determinado certos aspectos conceptuais da sua construção.

Desde logo, parece impor-se que o que pode chamar-se pretensiosismo barroco se reflecte na preocupação da etimologia que só tangencialmente era abordada pelos anteriores gramáticos e linguistas. Com efeito, as línguas vulgares ou vernaculares (embora se lhes reconheça como marca indubitável de prestígio a filiação latina) apresentam-se, aos olhos dos gramáticos renascentistas, como línguas sem passado.

Se Fernão de Oliveira [4] alude à etimologia, fá-lo com ironia e desconfiança, enumerando falsas etimologias que atribui a «pouco doutos». Se João de Barros ocasionalmente se lhe refere [5], fá-lo como a um conhecimento altamente duvidoso e inextricável: procurar a origem das palavras será, segundo ele, tão dificultoso como buscar as fontes do Nilo. A atitude destes gramáticos é, pois, notoriamente presencialista, referida à observação directa e às conclusões que a realidade actual, visível e testemunhada, unicamente permite.

É, pois, esse um dos domínios em que se verifica um dos desvios dos gramáticos do Renascimento em relação à escola gramatical clássica. Eles abandonam a indagação especulativa e teórica da origem do vocábulo e do seu sentido primordial e motivado. Interessa-lhes — e é essa a posição claramente definida por Fernão de Oliveira e por João de Barros — estabelecer o que o uso definiu e consagrou. A etimologia era, pois, considerada como o ponto fraco da ciência da linguagem, devido, em parte, à inexistência do comparativismo linguístico, que só viria a constituir-se no princípio do século passado, ainda que com aberturas notáveis na reflexão linguística ou paralinguística desde o século XVI.

Por outro lado, o novo estilo de relações internacionais, desenvolvendo um cosmopolitismo cultural, e promovendo empréstimos vocabulares, estimula a busca de uma noção de legitimidade na razão de parentesco entre as línguas. O que vem gerar um novo conceito, o de genuinidade linguística, bem patente nas listas vocabulares que fazem

---

[4] Cf. FERNÃO DE OLIVEIRA, *Gramática da Linguagem Portuguesa*, Imprensa Nacional, Lisboa, 1975, cap. XXXI.

[5] Cf. JOÃO DE BARROS, *Gramática da Língua Portuguesa*, ed. cit., p. 64.

parte da *Origem*. O conceito de que a língua, perante o seu observador, é uma realidade oscilante e móvel denuncia um inequilíbrio que procura reequilibrar-se, encontrando entre o princípio e o fim, entre o presente e a origem, símiles e ao mesmo tempo antíteses. Assim, à visão sincrónica e presencialista do Renascimento, sucede a visão diacrónica do Barroco.

Num plano de análise mais estritamente histórico-cultural, a obra de Nunes do Leão insere-se num momento particular da história portuguesa: e continua a ser simultaneamente paradoxal e elucidativo que, dedicando a obra a Filipe II, o autor se empenhe, por vezes ardilosamente, a demonstrar, remontando as origens, a individualidade da língua portuguesa: origens históricas, culturais e estritamente etimológicas.

Fortemente vinculada ao tempo, a obra de Nunes do Leão é, pois, um testemunho documental e elucidativo da transição, talvez dramática, do espírito do Renascimento para o espírito barroco, enredado numa nova angústia e numa nova maneira de estar no mundo.

1 — *Esboço biográfico*

Duarte Nunes do Leão era natural de Évora, onde nasceu por volta de 1530, filho do médico hebreu João Nunes. Estudou leis na Universidade de Coimbra e entrou mais tarde como procurador e depois como desembargador na Casa da Suplicação.

A sua vida pública, pormenorizadamente relatada no *Memorial de Duarte Nunes do Lião e Relação dos Seus Serviços para o Valido d'El-Rei Filipe* (Cristóvão de Moura) [6] mostra uma actividade cultural constante e profícua. Menciona, nesse memorial, todas as obras escritas (algumas perdidas) em número considerável. Essa intensa actividade situa-se entre três coordenadas: jurídica, histórica e linguística, em que dá provas de uma sólida erudição humanística.

---

[6] Para a biografia de Duarte Nunes do Leão, ver a comunicação de António Baião, in *Boletim de 2.ª classe da Academia das Ciências*, t. XI, 1917. E ainda a introdução à *Origem*, Lisboa, 1945, organizada por José Pedro Machado.

Não obstante a sua posição política, abertamente favorável ao governo filipino, não parece que esse acordo com o regime vigente lhe tivesse servido de garantia. O próprio memorial prova, precisamente, que, apesar de bons ofícios e serviços prestados directamente ao rei — nomeadamente a obra em castelhano *Genealogia Verdadera de los Reyes de Portugal con sus elogios y summario de sus vidas (1569 e 1608)* —, nunca ou muito raramente Duarte Nunes encontrou apoio. Consequências do sangue hebreu[7]? Má vontade de invejosos? Consequência da sua posição política que atraíra sobre ele o desagrado talvez vingativo do Prior do Crato, que duramente atingira numa das suas obras?

Atormentado e desiludido, o velho Duarte Nunes do Leão morreu em Lisboa, dois anos após a publicação da *Origem,* em 22 de Abril de 1608, segundo consta no Arquivo Nacional da Torre do Tombo, *Chancelaria de Filipe II,* Doações, fls. 73 e 74.

2 — A «Ortografia»

Ao compulsarmos os títulos de obras gramaticais aparecidas na Europa a partir de 1945 verificamos que, acessoriamente aos problemas da gramática, se colocava o problema ortográfico. A anarquia ortográfica, proveniente da ruptura entre as línguas vernaculares e qualquer forma de codificação, durante a Idade Média, tornava-se agora num grave inconveniente, mais sensível após o aparecimento da imprensa e a consequente difusão ou multiplicação das obras em vulgar.

Contudo, o problema da escrita e a sua importância foi desde sempre sentido e, paralelamente ao da origem, os homens puseram o problema da linguagem escrita, isto é, «fixada», tornada permanente através de um certo número de *actos* que assumiram, em certas civilizações, um carácter ritual. Nicóstrata, cuja lenda é referida por Fernão de Oliveira, João de Barros e Nunes do Leão, teria introduzido o uso das letras em Itália.

---

[7] Cf. *Boletim de 2.ª Classe da Academia das Ciências,* t. VIII, publicado por Pedro de Azevedo.

Ora, para além da sua origem, a escrita pressupõe uma representação gráfica de uma substância sonora. Daí a necessidade de adoptar um sistema ortográfico capaz de reduzir ao mínimo o desacordo ou a diferença entre a palavra sonora e a palavra escrita[8]. Nesse ponto encontramos como que uma unanimidade entre os ortografistas: a melhor grafia é aquela que mais se aproxima da pronúncia. Acordo teórico apenas, pois, na prática, a formulação de regras capazes de salvaguardar esse princípio variam de autor para autor. Dificuldade agravada pela verificação empírica de que as línguas, estando sujeitas a uma lei de mobilidade como que biológica, dificilmente suportam uma fixidez gráfica. Agravada ainda pelo facto de que o ortografista se encontra dividido entre a *tradição* ou o *costume* ortográfico, a *etimologia* (revalorizada pelo culto das letras e das tradições clássicas) e as *realidades fonéticas* da língua, que presenciava e procurava não ignorar.

Efectivamente, as realidades linguísticas da Românía apresentavam-se completamente diferentes das latinas e era, por conseguinte, necessário encontrar novos símbolos e representações gráficas que correspondessem e pudessem representar o novo sistema fonético.

É por isso que as principais fontes gramaticais clássicas (Quintiliano, Escauro, Vélio Longo, Varrão, Prisciano, entre outros), se dificilmente poderiam ser abandonadas, dificilmente também poderiam ser seguidas sem adaptação. Foram, pois, sujeitas a uma crítica e a sua doutrina submetida a inevitáveis modificações.

Para essas adaptações, que pressupõem inovações, afigura-se indiscutível a influência italiana: o próprio Nebrija passou em Itália vários anos e a análise da doutrina gramatical dos primeiros gramáticos portugueses denuncia claramente essa influência.

Ora, o problema ortográfico, mais do que qualquer outro, concentrava a atenção dos «protogramáticos» do Renascimento, já por não poderem socorrer-se do apoio autorizado dos Antigos, já porque se impunha cada vez com mais urgência uma uniformização da represen-

---

[8] Cf. JACQUES DERRIDA, *L'écriture et la différence*, Paris, 1967.

tação escrita. E assim, muitas obras gramaticais, como já vimos, se dedicam, não só em Portugal, mas em Itália, França e Castela, à ortografia das línguas vulgares. Nesse domínio se estabelece a mais generalizada e importante polémica em que a um acordo de princípio corresponde um desacordo de soluções práticas que só a muito custo irão convergir. Os gramáticos portugueses não se alhearam do problema: bem ao contrário, visto que o sistema fonológico do português, e principalmente a oposição entre a abertura e o fechamento das vogais, vinha pôr problemas e impor soluções diferentes dos das outras línguas afins.

A *Ortografia* de Duarte Nunes do Leão é uma obra autónoma, cujo subtítulo contém já implícito o respectivo plano: *Reduzida a Arte e Preceptos.* Quer dizer: o autor teve em vista apresentar noções teóricas *(arte),* seguidas de normas práticas *(preceptos).* O que fez e faria também na *Origem,* em que é notória a dupla e distinta feição teórico-prática.

Começa, pois, por dissertar, numa espécie de prólogo, a um nível quase especulativo, sobre as características da comunicação por meio da linguagem e da sua representação escrita [9].

---

[9] Tais considerações, aliás, já feitas pelos antecessores, Fernão de Oliveira e João de Barros. Dado, porém, o carácter eminentemente pedagógico e estritamente didáctico da sua *Gramática,* João de Barros evita toda a prolixidade. Reflexões de ordem mais geral reserva-as para o *Diálogo em louvor da nossa linguágem,* publicado em apêndice à *Gramática,* a qual, desse modo, conserva a feição linear e simplificada, baseada em esquemas e paradigmas, conveniente a um verdadeiro livro de estudo. Contudo, não é só no *Diálogo* que Barros se ocupa, de forma mais especulativa, dos problemas da linguagem. Na sua obra restante, nomeadamente nas *Décadas,* com frequência se entrega a reflexões de carácter linguístico. O passo que a seguir transcrevemos pode aproximar-se das ideias expressas por Nunes do Leão na introdução da *Ortografia:*

«O qual artifício [da invenção da escrita] pero que a invenção dele se dê a diversos autores, mais parece por Deus inspirado que inventado por algum humano intendimento; e que, bem como lhe aprouve que, mediante o pàdar, língua, dentes e beiços, um respiro de ar movido dos bofes, causado de ũa potência a que os latinos chamam *affatus,* se formassem palavras significativas, pera que os ouvjdos, seu natural objecto, representassem ao intendimento diversos significados e conceitos, segundo a disposição delas, assim quis que, mediante os caracteres das letras de que usamos, dispostas na ordem significativa da valia que cada nação deu ao seu alfabeto, a vista, objecto receptivo destes caracteres, mediante eles, formasse a essência das cousas e os racionais conceitos, ao modo de como a fala em seu ofício os denuncia.» *(Décadas,* I, 1, Prólogo.)

Entrando no capítulo I da sua obra, ocupa-se da definição da ortografia, da voz, das letras, sua divisão e natureza; entra em seguida no enunciado normativo que se propôs:

1.º Regras particulares para cada letra, segundo a seguinte ordem alfabética: A B P PH C D T TH E F G H I K L LH M N NH O Q R S V X Y Z. Trata aí do *til* como sinal de abreviatura [10];

2.º Estudo de algumas modificações *(Como se convertem algũas letras ũas em outras);*

3.º *Dos diphtongos ão, ãe, ai, ão, au, ei, ee, eu, ii, ao, oi, õe, ou, ui, uu;* trata em seguida da *sílaba* e do emprego de *consoantes dobradas;*

4.º *Regras gerais da ortografia.* Houve, portanto, mais uma vez, uma precedência dada à parte teórica e especulativa. As regras gerais, apresentadas de forma extensa e circunstanciada, são em número de vinte, com abundante fundamentação e exemplificação;

5.º Os *artigos:* seu emprego e grafia;

6.º Os acentos e o seu uso como sinal do *tom* (alto-baixo, agudo--grave); os *apóstrofos* e as abreviaturas;

7.º Lista de correcções, isto é, *reformação de algũas palavras que a gente vulgar usa e escreve mal;*

8.º *Tratado dos pontos,* em que, de forma desenvolvida, apresenta o seu inventário, definindo, explicando e exemplificando o valor de cada sinal da pontuação das cláusulas.

---

[10] Convém notar que o alfabeto proposto pelo autor se apresenta ferido de notável ambiguidade. Por um lado, ele adopta o alfabeto «latino», segundo a tradição latino--humanística, o qual será readaptado por Pêro de Magalhães de Gândavo, constituído pelas 22 ou 23 letras do alfabeto clássico. Por outro lado, porém, reflecte também a posição renovadora, nomeadamente de Fernão de Oliveira e de João de Barros, ao incluir como *letras* (apontando, em verdade, para o conceito de *fonema*) os dígrafos *ch, lh* e *nh.* Por outro lado ainda, em coerência com a sua «helenofilia», acolhe também como elementos integrados na sequência alfabética os dígrafos gregos *th* e *ph,* o que nenhum dos anteriores ortografistas havia ousado fazer.

Através desta planificação, vejamos como Nunes do Leão soluciona os problemas ortográficos que especificamente se apresentavam para o caso do português:

1.º Perda da noção de quantidade e, em consequência, notação dos graus de abertura vocálica;

2.º Tentativa de abolição de *qu*, substituído por *c* e, em consequência, utilização de *c* para a fricativa (africada ainda no século XVI), em qualquer posição: *ça, çe, çi, çu*, a par de *ca, ce (=ke), ci (=ki), co, cu;*

3.º Distinção de *i* e *u* semivogais e consoantes *(j* e *v).*

Relativamente à problemática da ortografia, os Italianos enfileiram no que pode chamar-se o «partido inovador», tendendo para aproximar a grafia o mais possível da realidade fonética da língua, nomeadamente com a rejeição, por exemplo, de *h* etimológico: ortografia fonética. Os Franceses, com algumas excepções, e também Nebrija, com certas reservas, inclinam-se para a grafia etimológica ou histórica, que consideram como um brasão de latinidade.

Tolomei, por exemplo, insiste numa reforma, mas hesita em propô-la ele próprio. Não obstante, a verdade é que desde a gramática toscana anónima de 1495 encontramos tentativas de introdução de novos signos para a representação das vogais abertas e fechadas. Em 1524, Trissino representa as vogais *abertas e* e *o* pelos caracteres gregos ε e ω, considerando que os acentos não se prestam para diferenciar a abertura e o fechamento vocálicos. Tolomei, por seu lado, preferia o emprego de maiúsculas para a representação das vogais abertas. A este propósito, notemos que a doutrina de Tolomei parece estar subjacente à opinião expressa por Fernão de Oliveira, João de Barros e Nunes do Leão, ao referirem-se à designação de *grande* e *pequeno* como equivalentes, respectivamente, de *aberto* e *fechado.*

É, contudo, notável que, apesar da controvérsia italiana de que são reflexo os gramáticos portugueses, a diferenciação entre *o* aberto e fechado *e* aberto e fechado nunca houvesse sido referida pelos Franceses, à excepção de Meigret e Peletier. No caso de Nebrija, que igualmente se lhe não refere, explica-se pela inexistência da oposição aberta/fechada no sistema vocálico castelhano.

De modo geral, entre os gramáticos do século encontramos, principalmente, as seguintes posições e soluções:

	e aberto	*e* fechado	*o* aberto	*o* fechado
Trissino	ε	e	o	ω
Salviati	e	ε	ω	o
Tolomei	E	e	O	o
Giglio	E	e	O	o
Varchi	e	E	o	O
Peletier	e̜	e (mudo)	—	—

Deste quadro infere-se que os gramáticos italianos e franceses consideraram, de acordo com o sistema fonológico das línguas respectivas, a abertura e o fechamento apenas para o caso de *e* e de *o*. É, por conseguinte, notável que Fernão de Oliveira e João de Barros se tenham referido também a *a* aberto e *a* fechado.

Do esquema apresentado verifica-se ainda que, por exemplo, João de Barros, ao propor as designações de *grande* e *pequeno*, respectivamente para aberto e fechado, parece reflectir, como já vimos, uma influência da doutrina de Tolomei, embora a representação gráfica seja diferente e se aproxime da de Peletier (1515), utilizando o acento agudo e o circunflexo para marcar a abertura e o fechamento de *o* e de *a*, e utilizando a vírgula invertida sotoposta para *e* aberto:

Abertas	Fechadas
á	â
e̜	e
ó	ô

Pelo contrário, Nunes do Leão não considera válida a distinção entre a *grande* e *pequeno,* afirmando categoricamente que essa variação procede apenas da posição dentro da palavra, porque «nas vogais, nenhũa diferença temos dos latinos». Acrescenta que «o ser grande e pequeno» consiste na «longura e espaço da pronunciação e não na maneira dela». Donde concluímos que, por um processo de recessão, Nunes do Leão regressa à posição etimológica, no seu sentido restrito.

A mesma atitude assume em relação a *e* e a *o.* Ignorando a noção de timbre, definida por Fernão de Oliveira e João de Barros, confunde-a de novo com a de quantidade.

Quanto ao problema da oclusiva gutural surda *k, c* ou *qu,* ele é já uma herança dos gramáticos latinos, que se haviam referido, com frequência, à necessidade, ou pelo menos possibilidade, de abolição de *qu.* Essa controvérsia passara directamente para os gramáticos renascentistas. Aliás, já Varrão, Quintiliano, Prisciano e Isidoro tinham assumido uma posição semelhante entre si, a qual, por sua vez, se reflecte na de Nebrija. De facto, nas *Reglas de Orthographia en la lengua castellana* (1517), o gramático afirmaria que *k* e *qu* não têm utilidade na língua castelhana. Pelo contrário, Alejo Vanegas, no seu *Tratado de Orthographia y accentos en las tres lenguas principales* (latim, grego e castelhano) *aora nuevamente compuesto* (1531 e 1592), preconiza o uso tradicional de *qu.*

Quanto aos Italianos, Tolomei foi o primeiro a referir-se à questão e pô-la em termos semelhantes aos que João de Barros irá adoptar. A supressão de *qu* e de *k* e, em consequência, a atribuição do seu valor gráfico a *c* em todas as posições, provoca, evidentemente, como resultado, a necessidade de utilizar *c* antes de *e* e de *i,* com valor de fricativa ou de africada. Efectivamente, para Barros, *c* terá sempre a função de *qu (= k);* a cedilha, em qualquer posição, assinalará o som «ceceado» que, segundo ele, é próprio do falar cigano de Sevilha.

Por seu lado, Nunes do Leão considera o emprego de *c* antes de *e* e de *i* como «adulterina pronunciação», e assume, por consequência, uma posição contrária à do seu antecessor. Não admite, pois, a supressão de *qu,* mas a razão apresentada para contrapor às de Barros parece artificiosa e ligada, sem dúvida, a uma preocupação etimológica: «a nós é necessária assim para escrevermos todas as dicções que os Latinos por ela escreviam». Razão de teor semelhante, aliás, às que apresentara para negar a existência de vogais abertas e fechadas, isto é, grandes e pequenas, em português.

Relativamente à terceira grande questão ortográfica — a distinção de *i* e de *u* e semivogais de *j* e de *v* consoantes, assim como a conservação de *y* —, já em 1465 Leon Battista Alberti insistira na necessidade de diferenciar *u* consoante de *u* vogal. Fortunio propusera a distinção também de *i* e de *j*, assim como de *e* e de *z*; Nebrija atribuíra valores vocálicos e consonânticos, conforme os casos, a *i, j, u, v*.

Contudo, em posição intervocálica, o gramático castelhano reconhece ainda a utilidade do emprego de *y*. Este problema, no entanto, assume aspectos menos polémicos do que os anteriores e depende, muitas vezes, apenas de uma questão caligráfica ou tipográfica.

Do mesmo modo, João de Barros, enquanto, relativamente às questões anteriores, toma uma posição definida e intencionalmente doutrinária, pelo contrário, neste caso parece não ter opinião segura e definitiva. Diz: «(y) serve no meio das dições às vezes [...]. I serve no fim das dições sempre».

Nunes do Leão, pelo contrário, acha-se numa posição muito mais próxima dos critérios ortográficos actuais: distingue acústica e graficamente *i* de *j:* distingue, paralelamente, *u* de *v*; utiliza *y* somente para vocábulos de origem grega.

De um modo geral, e tendo em vista os critérios ortográficos dos seus dois antecessores, podemos verificar que a ortografia de Nunes do Leão apresenta uma feição notavelmente moderna e não difere substancialmente da que foi utilizada até às reformas ortográficas do nosso século, principalmente, ao que nos parece, por dois aspectos fundamentais (em que residia o «exotismo» dos restantes sistemas ortográficos referidos): o uso dos acentos, que passam a marcar não a abertura mas a tonicidade, e o estabelecimento das normas actuais do uso de *c* (conservando *qu* e abolindo *k*).

3 — A «Origem»

A *Origem* representa uma perspectiva especulativa e dialéctica, por oposição ao carácter normativo da *Ortografia*. Miscelânea histórico--cultural, é, simultaneamente, uma longa dissertação, não raro fantasiosa (e, por vezes, fastidiosa), e uma listagem minuciosa e ampla de realidades e factos gramaticais e — sobretudo — lexicais.

Baseado na opinião dos antigos, em citações por vezes superabundantes que se acumulam ao longo da obra, começa por observar que os vocábulos caem em desuso e outros são criados em seu lugar, mediante um mecanismo quase biológico [11]. Para ele, a criação de novos vocábulos pode provir do uso de *um* escritor cujas inovações «foram do povo recebidas». A Ciro, Cipião e Augusto, diz, ficou devendo o latim algumas inovações.

A propósito da lendária vinda de Túbal a Setúbal (que Duarte Nunes aliás repudia claramente), refere-se à provável origem do nome da cidade de Setúbal: Cetóbriga, cidade de pescadores. Admite, embora considerando-a pouco plausível, a vinda de Túbal à Biscaia, tentando explicar o vasconço como um vestígio, «transformado pelo tempo», da língua caldaica [12]. Acentua, contudo, a incerteza de todas estas conjecturas, pela «ausência de escribas que não temos». Parece-lhe mais provável, depois de fazer a enumeração dos diferentes povos que, por motivos comerciais ou outros, habitaram a Península, que, não tendo havido uma única língua falada em Espanha, a predominante teria sido a grega.

Questão consequente do problema tratado, Duarte Nunes averigua qual a origem do primeiro alfabeto utilizado na Península Ibérica: assim como concluíra que a língua nunca fora única, assim também o

---

[11] Cf. HORÁCIO, *Arte Poética*.

[12] A vinda de Noé a Espanha não é referida nem por Nebrija nem por João de Barros, o que não deixa de ser surpreendente, já que Fernão de Oliveira alude a ela, talvez fazendo-se eco de uma tradição cultural transmitida de outiva e recolhida pelos humanistas, já presente na velha *Crónica do Mouro Razis*. Diz Fernão de Oliveira: «Noé edificou em esta terra Noela e Noegla cidades [...].» (*Gramática*, cap. II.) A lenda surge com maior desenvolvimento em Nunes do Leão, apresentada como via garantizadora da continuidade não interrupta da «língua do paraíso». Tal posição enquadra-se na «tese tubalina», por oposição à «tese vasquista», segundo a qual o basco seria a língua herdada por intermédio de Noé.

modo de escrever. Segundo ele, antes da adopção das letras latinas ter-
-se-iam usado os alfabetos fenício e grego. Nesta opinião opõe-se a
António de Nebrija, «varão douto e de maduro juízo», o qual, efectivamente, admitia que, até à vinda dos Romanos, não teria havido na
Espanha o «uso das letras». Rebate, pois, demoradamente, os dois argumentos do gramático castelhano: a não existência de moedas pré-romanas
explicar-se-ia por o comércio se fazer com base em trocas e equivalên-
cias; a ausência de letreiros e legendas, pelo carácter passageiro dos
Fenícios e dos Gregos, «que não curavam na honra», mas eram «vin-
diços e mercantis».

Insinua talvez um parentesco com o fenício, ao citar versos nesta
língua, segundo Plauto, e mostrando a sua dissemelhança com as outras
línguas conhecidas. «Corrompendo-se», pois, em contacto com as outras
línguas, preexistentes à dominação romana, o latim deu origem ao
romance, mas de entre as suas variedades a mais «perfeita» é a do português, a que mais se aproxima do latim «correcto» [13]. Considera que a
língua latina, ainda uniforme, floresceu na Hispânia, produzindo escritores como Séneca, Lucano, Marcial, e a cultura romana prevaleceu,
como prova «uma pedra antiga que se achou na cidade de Empúrias»,
cuja tradução faz. Continuando a história cultural, Duarte Nunes refere
que em breve a inundação de Godos, Vândalos e Sitingos veio corrom-
per o latim, «da maneira que se vê nos livros e escrituras antigas, que,
pelo tempo, foi esta língua fazendo diferença nas províncias de Espanha». Mais tarde, a invasão árabe veio alterar ainda mais a língua,
«meia gótica e meia latina [...] tomando outros vocábulos dos Mouros,
que ainda hoje duram».

---

[13] É esse conceito de «conformidade» com o latim e o seu contraponto, originalidade e autonomia do português, que se vem construindo através do discurso linguístico-
-gramatical desde Fernão de Oliveira, passando por João de Barros e Pêro de Magalhães
de Gândavo (cf. JOÃO DE BARROS, *Diálogo em louvor da nóssa linguágem,* ed. cit., p. 397).
Já no declínio do século XVI é também na conformidade com o latim que Magalhães de
Gândavo põe a tónica apologética do seu discurso. Em tranquila posição de confiança
numa *auctoritas* que, ao contrário dos seus dois antecessores, jamais submete a uma dinâmica de competição. A maior semelhança do português com o latim, em relação às
outras línguas hispânicas, parece ter sido um tópico aceite pelos gramáticos castelhanos
dos séculos XVI e XVII, nomeadamente Villalón, Aldrete e outros.

A diferenciação política favoreceu a ulterior diferenciação linguística, uma vez que as línguas de Castela e da Galiza-Portugal «ambas eram antigamente quase uma mesma». A razão política explica também, posteriormente, o afastamento do galego e do português, «por em Portugal haver reis e corte, que é oficina onde os vocábulos se forjam e pulem, e donde manam para os outros homens». Diferenciadas definitivamente, as duas línguas foram-se depois ornando por influência de reis, como D. Dinis em Portugal e Afonso, *o Sábio*, em Castela.

Confundidas, como se vê, as noções de evolução e corrupção, o autor classifica as diferentes formas de corrupção, a qual levaria a um progressivo e cada vez mais profundo afastamento do latim: alteração na terminação das palavras; diminuição de letras ou sílabas; acrescentamento de letras ou sílabas; troca, isto é, «traspassação»; mudança de género; mudança de número; mudança do vocábulo por mudança de significação; impropriedade de significação; metáfora.

Segue-se abundante exemplificação, ilustrando cada caso, exemplificação quase sempre adequada em relação ao fenómeno mencionado.

Abandonando o tom expositivo, o autor apresenta em seguida listas dos vocábulos portugueses de origem grega (além dos divergentes latinos), árabe, francesa, italiana, alemã, hebraica e síria, goda e, finalmente, autóctone. Oferece ainda uma lista de arcaísmos, acompanhados da respectiva correspondência moderna, bem como de plebeísmos.

Nos cinco capítulos seguintes (XIX a XXIII), Duarte Nunes do Leão refere, com larga cópia de argumentos demonstrativos, os motivos de louvor da língua portuguesa: antiguidade, brevidade, abundância de derivados, originalidade, riqueza vocabular, complexidade de estrutura gramatical. De notar, com efeito, a coincidência desses argumentos com os que se encontram na maior parte dos apologistas da língua, nomeadamente Fernão de Oliveira, João de Barros, Rodrigues Lobo, Duarte de Brito.

Nos últimos capítulos, termina a obra com uma síntese dos louvores formulados através da enumeração das «bondades» da língua portuguesa, criticando aqueles que preferem outras, e exortando os homens cultos a inovarem vocábulos, recorrendo à inesgotável fonte latina [14].

Quanto aos conceitos, no seu conjunto, encontramos certo carácter de modernidade, verificável se analisarmos as ideias linguísticas e gramaticais implícitas na *Origem*, em relação aos antecessores de Duarte Nunes do Leão. Com efeito, se a obra de João de Barros, por exemplo, havia sido elaborada dentro de uma intencionalidade exclusiva ou ao menos predominantemente pedagógica, a *Origem*, pelo contrário, destina-se a ampliar conhecimentos pressupostos num público de leitores certamente mais preparado do que os «meninos e moços» a quem se dirigira o primeiro gramático português. Visa uma exposição erudita e o aprofundamento de certos problemas que só lateralmente tinham sido abordados até então, a saber: conceito de evolução e corrupção linguística; vernaculidade; empréstimos vocabulares; origem da escrita; conceito de mutabilidade linguística; diferença entre a estrutura linguística do latim e a do português; conceito de criatividade linguística; conceito de estilo e de elegância.

Para além destes aspectos, porém, mais importante parece a nova perspectiva, segundo a qual Duarte Nunes encara o problema dos empréstimos, perspectiva que apresenta significativas diferenças em relação à posição assumida, por exemplo por Barros, a uma distância de cerca de meio século. Observemos os pontos de vista do autor em relação às línguas que constituem as fontes mais importantes de empréstimos.

Para João de Barros, as referências à língua grega, escassas e pouco frequentes, têm como objecto, principalmente, reforçar as referências ao latim, confirmando-as; encontrar um modelo para rasgos gramaticais inexistentes no latim; esclarecer o sentido etimológico de certas palavras de cunho erudito. Nunca, efectivamente, ocorrera na obra daquele gramático nem na do seu contemporâneo Fernão de Oliveira qualquer

[14] A obra dos dois antecessores quinhentistas de Duarte Nunes do Leão demonstra que, segundo a lição de Horácio, que permite e recomenda o recurso à transposição de vocábulos gregos para o latim, assim também se permite e recomenda, «com habilidade e saber», a utilização de transposições latinas: «[...] a licença que Horácio, em sua *Arte Poética* [...] dá aos latinos pera comporem vocábulos novos, contanto que saiam da fonte grega, essa poderemos tomar, se os derivarmos da latina». (JOÃO DE BARROS, *Diálogo em louvor da nóssa linguágem*, ed. cit., p. 401).

insinuação que pudesse levar à ideia — fantasiosa — de filiar a língua
portuguesa na língua grega ou de atribuir às relações históricas com os
povos helénicos uma importância cultural capaz de determinar traços
específicos na estrutura gramatical ou no léxico. Em França, a tese
«helenófila» encontra em Henri Estienne, por exemplo, o seu campeão.

   Ora, segundo Duarte Nunes do Leão, a Península Ibérica e, logo,
as línguas peninsulares foram helenizadas antes de romanizadas. Diz:
«[...] os Gregos que habitavam a Galiza e a Lusitânia e outras regiões
de Espanha teriam a língua grega e as letras gregas». Nesta opinião,
o autor entra em discordância aberta com a de António de Nebrija e
com a do próprio João de Barros.

   O problema da língua árabe, mais especialmente mourisca, põe-se,
como é natural, devido a factores históricos, com mais acuidade em
relação às línguas peninsulares do que em relação às restantes línguas
românicas. Com efeito, certas referências dos gramáticos franceses, por
exemplo, relativamente ao uso da cedilha e a outras inovações ortográficas atribuídas aos árabes e, o que é importante, também aos hebreus, é esporádica e ocasional. Na Hispânia, a questão é, evidentemente, mais sensível, e os gramáticos dividem-se em dois grupos: os
que enfileiram numa posição marcadamente antiárabe, como Nebrija
(condicionalismo histórico-político?), e os que, como Barros, aceitam
como legítima e constatam como irrecusável uma influência motivada por
proximidade e comércio humano. Na obra de Barros, a influência mourisca explica a origem de certas tendências articulatórias e ortográficas
e elucida a etimologia de muitos vocábulos não latinos. Ora, na obra
de Leão a influência mourisca é considerada exclusivamente no aspecto
lexical. Aliás, a lista apresentada de arabismos é bastante extensa e
quase exacta.

   Em relação às línguas francesa e italiana, verificamos que, enquanto João de Barros, por exemplo, vagamente e a título meramente
comparativo, se havia referido ao francês e ao italiano, Duarte Nunes,
pelo contrário, pretende encarar histórica e socialmente os contactos
entre os povos e a consequente transmissão de conceitos e de vocábulos.
Segundo ele, portanto, as línguas *evoluem* mediante o fenómeno da
comunicabilidade, e assim encontramos os dois conceitos — evolução e

corrupção —, até então confundidos, em vias de esclarecimento, embora, como veremos, dentro de certa ambiguidade.

Efectivamente, para ele é inevitável e necessária a relação entre a língua e os condicionalismos histórico-culturais capazes de operar modificações linguísticas.

Perante o caso do castelhano, considerado por um certo número de humanistas como um perigo para o prestígio da língua portuguesa, Barros tinha tomado posição nessa polémica, no seu *Diálogo em louvor da nóssa linguágem*, em que visa, entre outros problemas, o da rivalidade literária e cultural das duas línguas. Reconhecendo embora a similitude entre as duas línguas, o português e o castelhano, não deixa de lamentar que, por falta de uso, o castelhano tenha alcançado maior expansão [15]. Alude, pois, mais particularmente, ao problema do bilinguismo do que ao das importações vocabulares sobre que incide a reflexão de Duarte Nunes do Leão. Segundo este, é de espantar que deles (dos Castelhanos) não tenham tomado os Portugueses tantos vocábulos quantos de outras nações. É curioso notar como, neste problema, Nunes do Leão toma uma posição de certo modo ardilosa: não põe em dúvida a «bondade» da língua castelhana, mas verifica (segundo uma «estatística» pessoal e apriorística) que, embora reciprocamente cada uma das línguas tenha empréstimos da outra, devido à proximidade e à conjuntura política, são *mais* os termos tomados pelo castelhano ao português do que o inverso. Veladamente embora, parece, no entanto, que o autor quer insinuar um princípio de superioridade para a língua portuguesa, que considera capaz de fornecer novos vocábulos ao castelhano.

Quanto às restantes línguas a que se refere Nunes do Leão como possíveis fontes de importações vocabulares, o que se torna notável, para além de erros de pormenor nas respectivas listagens, é a singular abertura ou tolerância em relação ao facto de se buscarem termos novos. Essa tolerância, contudo, parece tornar-se ambígua e entra em contradição com o conceito de «corrupção» atrás referido.

---

[15] JOÃO DE BARROS, *Gramática*, ed. cit., p. XLIX.

Com efeito, a noção clássica de progresso, associado ao desenvolvimento literário, postulando a evolução dos géneros como uma ascensão até atingir o grau da perfeição, a partir do qual só poderia degenerar e decair, foi pelos filólogos clássicos aplicada também às línguas. Em relação ao latim, a língua de Cícero representava esse grau de perfeição que impunha uma norma. A seu lado, César e Cornélio Nepos. Na época imperial, o ideal literário e a norma linguística tendiam a uma imitação tanto quanto possível próxima do modelo ciceroniano. Gramaticalmente, a língua devia revestir uma regularidade absoluta e perfeita. Todo o afastamento, pois, do modelo e da norma, respectivamente literário e linguística, não podia ser mais que corrupção.

Ora, distingue-se, na obra e no pensamento de Nunes do Leão, uma posição dupla ou ambígua que convém esclarecer: por um lado, ele considera as modificações sofridas pelo português e que arrastaram consigo um consequente afastamento da língua-mãe e modelo — o latim — como uma corrupção «vergonhosa», devido à invasão dos Godos, a que chama *bárbaros* no sentido mais depreciativo do termo. Por outro lado, porém, e por diversas vezes, encabeçando até o início da *Origem,* o autor postula a mobilidade por assim dizer «biológica» das línguas. A sua tolerância em admitir empréstimos de língua para língua é, como já vimos, um dos rasgos mais notáveis da sua conceituação linguística. Aparece, portanto, como que uma contradição: a transformação devida aos Godos é tratada como corrupção, enquanto todas as outras modificações são por ele dialecticamente legitimadas e consideradas naturais e pertinentes, dentro do conceito de mobilidade postulado. Preconceito histórico? O que é certo, porém, é que, ao longo da obra de Nunes do Leão tal ambiguidade permanece, ou porque o autor não tenha dado por ela, ou porque não tenha podido delimitar o conceito.

No seu conjunto, a obra gramatical *(latu sensu)* de Nunes do Leão é uma obra «problemática», polémica e, até certo ponto, enigmática, mas sem dúvida corajosa na colocação de problemas que testemunham um momento de viragens importantes no domínio do conhecimento do pensamento europeu.

OBRAS DE DUARTE NUNES DO LEÃO

Repertório dos Cinquo Livros das Ordenações, Joam Blavio de Colónia, Lisboa, 1560.

Artigos das Sizas, Manuel Joam, Lisboa, 1566.

Leis Extravagantes, António Gonçalvez, Lisboa, 1569; 1796.

Annotações sobre as Ordenações dos Cinquo Livros, António Gonçalvez, Lisboa, 1569.

Genealogia Verdadera de los Reys de Portugal, António Alvarez, Lisboa, 1569; 1608.

Regimento dos Officios Mecanicos, 1573 (manuscrito).

Orthographia da Lingoa Portuguesa, João da Barreira, Lisboa, 1576; 1784 (em conjunto com a *Origem*); 1866.

Determinações que se Tomaram per Mandado d'El-Rei Nosso Senhor sobre as Duvidas que Avia entre os Prellados e Justiças Ecclesiásticas e Seculares, 1578.

Ordenaçam da Nova Ordem, Lisboa, 1578; 1796.

Censurae in Libellum de Regum Portogaliae Origine, António Ribeiro, 1585.

De Vera Regum Portugaliae Genealogia Liber, Lisboa, 1585.

Genealogia Verdadera de los Reyes de Portugal (sumário da de 1569), António Alvarez, Lisboa, 1590.

Primeira Parte das Chronicas dos Reis de Portugal, Pedro Craesbeck, Lisboa, 1606; 1784, 1866, 1945.

Origem da lingoa portuguesa, Pedro Craesbeck, Lisboa, 1606; Lisboa, 1784; ed. por José Pedro Machado, Lisboa, 1945. Em conjunto com a *Orthographia:* 1734; 1865.

Descripção do Reino de Portugal, Jorge Rodrigues, Lisboa, 1610; 1785.

Chronicas d'El-Rei D. João de Gloriosa Memória, António Alvarez, Lisboa, 1643; 1780.

BIBLIOGRAFIA SELECTIVA

ALDRETE, Bernardo José de — *Del Origen de la Lengua Castellana ò romance que oi se usa en España. Ideas lingüísticas de Aldrete.* Ed. facsimilar y estudio de Lidio Nieto Jiménez, 2 vols., CSIC, Madrid, 1975.

ALONSO, Amado — «Examen de las noticias de Nebrija sobre la antigua pronunciación española», in *Nueva Rev. de Fil. Hispánica,* México, III, 1949.

ASENSIO, Eugenio — *Prólogo da Comédia Eufrosina de Jorge Ferreira de Vasconcellos, t.* I, Madrid, 1951.

BARRETO, Manuel Saraiva — «Gramatologia grega, dois temas da história da linguística», in *Humanitas,* XXXI-XXXII, Coimbra, 1979-1980.

BARROS, João de — *Gramática da Língua Portuguesa,* edição da Faculdade de Letras de Lisboa, Lisboa, 1971.

BOLGAR, R. R. — *The Classical Heritage and its Beneficiaries,* Londres, 1973.

BUCETA, Erasmo — «La tendencia a identificar el español con el latin», in *Homenaje a Menéndez Pidal,* Madrid, I, 1925.

BUENO, Francisco da Silveira — *A Formação Histórica da Língua Portuguesa,* Livraria Acadêmica, Rio de Janeiro, 1958.

BUESCU, Maria Leonor Carvalhão — *Textos Pedagógicos e Gramaticais de João de Barros,* Verbo, Colecção Textos Clássicos, Lisboa, 1969.

BUESCU, Maria Leonor Carvalhão — «Dois ortografistas portugueses do século XVI», in *Boletim de Filologia,* Lisboa, 1971.

BUESCU, Maria Leonor Carvalhão — *Gramáticos Portugueses do Século XVI,* Biblioteca Breve, Lisboa, 1978.

CONTE, Giuseppe — *La Metafora Barroca,* Milão, 1972.

GÂNDAVO, Pêro de Magalhães de — *Diálogo em defensão da língua portuguesa,* Lisboa, 1574.

KUKENHEIM, L. — *Contributions à l'histoire de la Grammaire italienne, espagnole et française à l'époque de la Renaissance,* Amsterdão, 1952.

MACHADO, Diogo de Barbosa — *Biblioteca Lusitana,* vol. III, Lisboa.

MACHADO, José Pedro — *Duarte Nunes do Leão, Origem da Língua Portuguesa* (estudo preliminar), Lisboa, 1945.

MARTINS, José V. de Pina — *Sobre o Conceito de Humanismo*, Fundação Calouste Gulbenkian, Paris, 1970.

MATOS, Ricardo Pinto — *Manual Bibliográfico Português*, Porto, 1878.

NEBRIJA, António de — *Gramatica Castellana*, ed. de Galindo Romeo y Ortiz Muñoz, Madrid, 1946.

NEBRIJA, António de — *Reglas de Orthographia en la lengua castellana*, estudio y edición de Antonio Quilis, Bogotá, 1977.

OLIVEIRA, Fernão de — *Gramática da Linguagem Portuguesa*, Lisboa, 1536; ed. consultada: Imprensa Nacional, Lisboa, 1975.

PINTO, Rolando Morel — «Gramáticos Portugueses do Renascimento», in *Revista de Letras*, São Paulo, 1961.

RICHÉ, Pierre — *Éducation et Culture dans l'Occident Barbare*, Paris, 1967.

RICHÉ, Pierre — *De l'éducation antique à l'éducation chevaleresque*, Paris, 1968.

SARAIVA, António José — *História da Cultura em Portugal*, I-III, Lisboa, 1951.

SEGRE, Cesare — *Lingua, Stile e Società*, Milão, 1974.

SILVA, Inocêncio da — *Dicionário Bibliográfico Português*, Lisboa, 1860; reed. INCM, 1973.

STEGAGNO PICCHIO, Luciana — «La questione della lingua in Portogallo», *in* João de Barros, *Diálogo em louvor da nóssa linguágem*, Modena, 1959.

TAPIÉ, Victor — *Barroco e Classicismo*, Ed. Presença, Lisboa, 1974.

VASCONCELOS, Frazão de — «Ortografistas portugueses dos séculos XVI a XVIII», in *Liceus de Portugal*, III, Lisboa, 1932.

VÁSQUEZ CUESTA, Pilar, e LUZ, Maria Albertina da — *Gramática Portuguesa*, 1.º vol., Gredos, Madrid, 1971.

VILLALÓN, Cristóbal — *Gramatica Castellana por el Licenciado Villalón*, ed. facsimilar y estudio de Constantino Garcia, CSIC, Madrid, 1971.

Lisboa, 1976.

II

Alguns «tópoi»
do pensamento linguístico

In ESTÃO A ASSASSINAR O PORTUGUÊS
17 depoimentos

Imprensa Nacional-Casa da Moeda, 1983

UNIDADE DE LÍNGUA PRÓPRIA
DE NOSSO TEMPO E TERRA

> Lemos, mui excelente Príncipe, na vida de Esopo, fabulador
> moral que, peguntado per um hortelão, a causa por que a terra mais
> facilmente criava as ervas que não recebiam benefício da agricultura
> [...] respondeu que a terra era madre das ervas que per si dava
> e madrasta das que nós queríamos que desse [...]. [Assim], os
> meninos destes reinos por lhe ser madre e não madrasta, madre e
> e não ama, nosse e não alheia, com muito amor receberão os preceitos
> da língua [...] [1].

É assim que João de Barros prefacia a sua *Cartinha*, na qual dá
os primeiros elementos das letras a que se seguirão os preceitos de
gramática.

Com efeito, quatro obras têm de ser consideradas no traçado do
perfil do humanista e gramático, historiador das *Décadas,* pensador
erasmista na *Ropica Pnefma* e no *Diálogo evangélico contra Talmud.*
Publicadas no espaço de cerca de um mês, entre Dezembro de 1539 e
Janeiro de 1540, a *Cartinha,* a *Gramática,* o *Diálogo em louvor da
nóssa linguágem* e o *Diálogo da Viçiósa Vergonha* constituem, efectivamente, um *corpus* pedagógico-didáctico. Esse *corpus* corresponde a
uma planificação conjunta e coerente e destina-se a ensinar gramática
portuguesa antes da latina (percurso pedagógico inverso em relação

---

[1] JOÃO DE BARROS, *Cartinha,* p. 239. Citamos pela edição organizada por Maria
Leonor Carvalhão Buescu, Faculdade de Letras, Lisboa, 1971.

ao praticado na Idade Média) aos meninos portugueses, represen-
tados na pessoa do jovem António, filho do autor.

A intenção estritamente pedagógica, que tantas vezes sublinha,
conduziu-o a uma redacção cuja deliberada concisão se contém no en-
quadramento sistemático dos mecanismos gramaticais. É, porém, no
Diálogo em louvor da nóssa linguágem que João de Barros criará
um espaço discursivo para a abordagem de uma problemática, que, sendo
linguística, é também epistemológica, cultural e social.

A antiguidade, a proximidade estrutural com o latim, língua ascendente e, finalmente, a eficácia comunicativa do discurso, formam a parte
mais importante da reflexão renascentista sobre o fenómeno da linguagem.

Dissera Fernão de Oliveira em 1536 (*Gramática da Linguagem
Portuguesa*):

> E assim, desta feição, já também este nome de Portugal é
> antigo e agora com a virtude da gente, muito enobrecido e
> com muitos bons tratos e conversações, assim em armas como
> em letras engrandecido [...] [2].

E, quanto à eficácia comunicativa, postulando as funções da linguagem, de João de Barros (*Diálogo em louvor da nóssa linguágem*):

> A linguagem portuguesa, que tenha esta gravidade, não
> perde a força para declarar, mover, deleitar e exortar a que se
> enclina, seja em qual género de escritura [...] [3].

Declarar, mover, deleitar e *exortar,* funções da linguagem.

Com efeito, de uma tomada de consciência que fora, talvez, lenta
durante os séculos preparatórios do Renascimento, passa-se, a primeira
metade do século XVI, para uma consciência nacional, desde a Itália, a

---

[2] FERNÃO DE OLIVEIRA, *Gramática da Linguagem Portuguesa*, p. 41. Citamos pela
edição organizada por Maria Leonor Carvalhão Buescu, Imprensa Nacional-Casa da Moeda,
Lisboa, 1975.
[3] JOÃO DE BARROS, *Diálogo em louvor da nóssa linguágem,* p. 400.

Castela, a Portugal e à França: é de facto na primeira metade do século que se desencadeia na Europa românica o esforço de codificação das línguas vulgares, após a abertura precoce dos italianos e da gramática castelhana de Nebrija, em 1492.

Se nos parece que a consciência românica implicara um processo de certo modo lento e penoso, queremos dizer com isso, fundamentalmente, que os homens do Renascimento se encontraram perante uma situação dilemática e radicalmente contraditória. Dilema e contradição que tentaram resolver, ultrapassando os riscos de uma contradição de fundo que o culto da lógica e da razão ao primeiro embate rejeitaria.

Assim, por um lado, eles encontram nos modelos clássicos o *seu* próprio modelo. Mas, por outro lado, e aí actua o profundo sentido de uma conquista de autonomia mental, reivindicam a *sua* própria existência em termos contrastivos em relação àquela existência fechada que era já para eles o Universo mental clássico.

Para João de Barros é tão importante a influência greco-latina, que no estudo da flexão ele dispõe os nomes distribuídos artificialmente por declinação que decalcam as declinações latinas. Mas, se observarmos em profundidade o modelo gramatical do *mais* latino dos nossos gramáticos, verificamos que a sua subordinação ao paradigma clássico é mais formal do que real. A análise do seu texto mostra-nos, estatisticamente, que ele se preocupa *mais* em demonstrar diferenças do que identidades. E, ao proclamar o direito à diferença, proclama a autonomia de um modo novo de comunicação.

Quase fogosamente, João de Barros reivindica a individualidade contrastiva da língua portuguesa em relação ao latim e, ao reconhecer a conformidade com a língua ascendente, essa conformidade é invocada como argumento apologético, garantia de antiguidade e vernaculidade, e como ponto de referência. Pelo contrário, ao colocar a tónica na desconformidade, postula, de imediato, a individualidade e autonomia e, o que é mais, a aptidão expansionista e criativa da língua portuguesa. Assim, no fundo, a gramática vulgar, isto é, das línguas vulgares e, no caso em presença, do português, surge dentro de cada comunidade linguístico-cultural como um manifesto: Manifesto de Romanidade.

António, interlocutor de João de Barros no *Diálogo em louvor da nóssa linguágem,* interroga:

> A língua portuguesa, onde desfalecer com verbo ou nome [...] poderá formar algum verbo aprazível à orelha?

Ao que o pai responde:

> Sim, porque a licença que Horácio em sua *Arte Poética* [...] dá aos latinos pera compoerem vocábulos novos, contanto que saiam da fonte grega, essa poderemos tomar, se os derivarmos da latina[4].

A Romanidade surge, assim, como uma forma ou um modo novo de ser. E, se é possível encontrar *graus* de existência, constitui-se como uma existência que potencia a actualização de diversas formas particulares de existir, enquanto entidade nacional. É dela que vão emergir as consciências nacionais, tuteladas por um elemento unificador que se traduz pela consciência da Romanidade.

A preocupação em individualizar a língua portuguesa em relação à língua-mãe torna-se insistente no discurso didáctico-gramatical de João de Barros, pelo recurso repetido e quase sistemático às oposições entre os factos latinos e as realidades românicas do português — oposições marcadas pelo uso constante do pronome *nós* contraposto a *eles,* os latinos.

Eis alguns exemplos:

> — «Nos quais [cinco] géneros repartem os latinos os seus [nomes]. *Nós,* destes cinco géneros temos somente dous [...][5].»
> — «*Nós* não temos estes verbos [que os latinos têm]. Temos mais este verbo *hei, hás*[6].»

4 JOÃO DE BARROS, *Diálogo em louvor da nóssa linguágem,* p. 401.
5 JOÃO DE BARROS, *Gramática,* p. 308.
6 *Ibid.,* p. 325.

— «E antre *nós* e os Latinos há esta diferença: eles fazem comparativos de todolos seus nomes ajectivos [...] e nós não temos mais comparativos que estes: maior, menor [...] [7].»

No discurso dos gramáticos do Renascimento, nomeadamente no de João de Barros, o latim e os latinos são objecto, de certo modo, do tratamento que se dá aos mortos e às abstracções. Ao longo do seu *corpus* pedagógico-gramatical utiliza por três vezes a expressão «filhos da língua latina» dentro de um conceito quase biológico de geração. E aí, mais uma vez, a escrita se erige como função memorativa ou poder de lembrança, por oposição ao *uso* oral, móbil, inconstante e criador. O latim *é* uma *língua morta*, impassível de modificação, fixada para sempre no monumento, quase funerário, da escrita:

> E ainda se como vemos em muitos vocábulos gregos, hebraicos e latinos que foram as três linguagens a que podemos chamar princesas do mundo, porque esta autoridade lhes deu o título da cruz onde foram postas, estas, porque perderam já a vez do uso e tem somente a parte da escritura, leixá-las-emos [...] [8].»

É portanto o *uso* que distingue as línguas mortas — imutáveis e permanentes — das línguas vivas, sujeitas às oscilações dessa entidade variável e poderosa, a que se chama *uso, costume, orelha, harmonia, melodia, música,* e, enfim, *vontade do povo.* É esse que vai produzir o que se chama também «unidade de língua própria de nosso tempo e terra». Os humanistas de uma Idade já moderna são, pois, actores e espectadores, como em grande teatro aberto, de uma acção que envolve uma viragem epistemológica — a grande viragem do Renascimento. E, se haviam sido capazes de adoptar os quadros analógicos do esquema gramatical às línguas vulgares, vão agora tentar a mesma aventura ao aplicá-lo às línguas exóticas, num alargamento criativo da categorização mental. Lucidamente, e numa abertura que não é mais que o

---

[7] *Ibid.*, p. 305.
[8] JOÃO DE BARROS, *Diálogo em louvor da nóssa linguagem,* p. 396.

corolário da abertura dos espaços na época do Renascimento, admitem factores de transmutação do uso da língua que, tornando-se «tão naturaes na boca dos homens», são absorvidos sem alterarem a harmonia interna do paradigma original.

Organismo em mutação, eis como João de Barros vê a língua:

> E agora, da conquista da Ásia, tomámos *chatinar* por *mercadejar; beniaga* por *mercadoria; lascarim* por *homem de guerra; çumbaia* por *mesura* e *cortesia,* e outros vocábulos que são já tam naturais na boca dos homens que naquelas partes andaram, como seu próprio português. Assi, que podemos usar d'alguns termos latinos que a orelha bem receba, porque ela julga a linguagem e música e é censor de ambas, e, como os consentir um dia, ficarão perpetuamente [9].

Mas a consciência colectiva que vai assumir o encargo de eleger e depois impor uma norma linguística, através da liderança doutrinária de um pequeno número de «barões doutos», enredar-se-á (mas sairá triunfante desse enredo) numa teia de princípios contraditórios e em tensão. Dinâmica criativa, através do crivo cerrado de uma atitude crítica sempre atenta às exigências presenciais.

A interligação ou até interacção dos problemas da ortoépia e da ortografia havia, de resto, sido pressentida já na Antiguidade e constituíra uma preocupação que se agravaria à medida que o Império Romano estendia os seus limites e se acentuava a diversidade dialectal nas diferentes partes do Império. Eis o que dissera Donato, equacionando o problema jamais solucionado da *escrita* e da diferença: «Barbarismus fit duobus modis, pronuntiatione et scripto [10].» Põe-se então em confronto o princípio da *urbanitas* e da *rusticitas,* que já funcionara perante a ideia unificadora, traduzida pela *Pax Romana* de Augusto e que fora militantemente encarada por Quintiliano. Para ele, mestre e mentor dos gramáticos românicos de Quinhentos (como tinha sido dos gramáticos do latim medieval), a doutrina fundamental consiste no reconhecimento,

---

[9] *Ibid.*, p. 401.
[10] *Don. Ars Gramm.*, Keil IV, 392, 7.

senão oficial, ao menos oficioso, do *uso*. Assim, um novo confronto e uma nova linha na teia poligonal em cujo ponto de cruzamento se erigirá a norma: o *usus*, em face da *auctoritas*. É dentro destes limites, ângulos de um quadrilátero, que se constrói a norma em função da língua latina. Mas a consciência românica, assumida contrastivamente e não sem dificuldade, criara dois novos ângulos que transformam a teia quadrangular no hexágono em que entram em tensão e em equilíbrio, simultaneamente, dois novos factores: a *vetustas* e a *modernitas*.

A *auctoritas, a urbanitas* e a *vetustas* constituem três factores de possível fixidez e imobilismo: mas os seus *correlata, usus, rusticitas* e *modernitas* são, pelo contrário, factores de mutação. Eis, portanto, a trama interna e vivificante de uma dinâmica que vai entrar em jogo na constituição da norma. Dinâmica que Fernão de Oliveira, num discurso que consideramos espectacular pelo lúcido criticismo, define: «[...] desses vocábulos *novos* tomemos os mais *velhos* [...]. [...] com serem mais velhos, sejam também mais *usados* e o uso deles seja *aprovado* por aqueles que mais sabem» [11].

A «aprovação dos que mais sabem» é, para Fernão de Oliveira, um dos princípios que garantem a *auctoritas,* como também para João de Barros, cujo conceito de gramática, enquanto «arte», resulta do «módo çérto e justo [...] colheito do uso e *autoridáde* dos barões doutos» [12], numa linguagem que, afinal, coincide com a de Fernão de Oliveira, este num discurso mais pitoresco e arrebatado:

> Gramática [...] é resguardo e anotação desse costume e uso, tomada depois que os homens souberam falar, e não lei posta que os tire da *boa liberdade,* quando é bem regida e *ordenada por seu saber,* nem é divindade mandada do céu que nos possa de novo ensinar o que já temos e é nosso, não embargando que é mais divino quem melhor entende.
> E, assim, é verdade que a arte nos pode ensinar a falar melhor, ainda que não de novo: ensina aos que não sabiam e aos que sabiam ajuda [13].

---

[11] FERNÃO DE OLIVEIRA, *Gramática*, p. 97.
[12] JOÃO DE BARROS, *Gramática*, p. 393. Itálico nosso.
[13] FERNÃO DE OLIVEIRA, *Gramática*, p. 106. Itálicos nossos.

É, pois, a diagonal traçada entre *auctoritas* e *usus,* em estável
equilíbrio, que vai ser a primeira geradora da norma. Mas a *auctoritas*
depende também do modelo latino. É a conformidade com o latim,
tantas vezes invocada no discurso de João de Barros e, mais reticente-
mente, no de Oliveira, que constitui, com o assentimento «dos que
mais sabem», a garantia da legitimidade do uso. E também a autoridade dos poetas *(latu sensu)* e daqueles que, através dos «estudos liberais», escrevendo, traduzindo, ilustravam o verbo informe das línguas
a princípio incultas [14]. Assim, diz ainda Fernão de Oliveira, «são os
melhores da língua [...] que mais leram e viram e viveram [...] sisu-
dos e assentados» [15], os garantes de autoridade e fixação. É, aliás, no
texto de Magalhães de Gândavo que mais longamente se confere aos
poetas o direito da autoridade [16], já que no de Oliveira há apenas uma
referência aligeirada aos autos de Gil Vicente, a Jorge da Silveira,
Garcia de Resende e Nuno Pereira [17]. Quanto a João de Barros, por
duas vezes lamenta a pouca inclinação dos portugueses para as «trovas»,
desterradas destes reinos [18].

Ora, para além da autoridade dos poetas que, segundo o juízo
de Barros, escasseiam, e antes da imposição do uso, existe outra auto-

---

[14] Cf. FERNÃO DE OLIVEIRA, *Gramática,* p. 42: «[...] [os estudos liberais] fazem du-
rar mais a glória da Terra em que florescem. Porque Grécia e Roma só por isto ainda vivem, porque quando senhoreavam o Mundo mandaram a todas as gentes a eles sujeitas
aprender suas línguas e em elas escreviam muitas boas doutrinas, e não somente o que
entendiam escreviam nelas mas também trasladavam para elas todo o bom que liam em
outras».

[15] *Ibid.,* pp. 98-99.

[16] Cf. MAGALHÃES DE GÂNDAVO, *Diálogo em defensão,* 30 v-32 r, enumera os escritores que, segundo ele, trataram «cousas graves e de importância» em português: Sá de
Miranda, João de Barros, Heitor Pinto, Lourenço de Cáceres, Francisco de Morais, Jorge
Ferreira, António Pinto e ainda, como poetas, Luís de Camões, Diogo Bernardes e António
Ferreira. No mesmo entusiástico passo, refere-se segunda vez a João de Barros, como autor
da «arte da grammatica da língua Portuguesa» e a «Mestre André de Resende» que, no «Livro
da antiguidade de Évora» mostra a nobre origem latina da língua portuguesa. Note-se que
esta *editio princeps* foi publicada em 1574, dois anos depois da 1.ª edição de *Os Lusíadas,*
cuja leitura parece já subjacente ao texto gandaviano: «[...] lede a arte de grammatica [...]
e o mesmo podeis ver no livro da antiguidade de Évora [...] onde claramente se mostra,
que cõ pouca corrupção deixa de ser Latina [a língua portuguesa]». De sublinhar ainda
o parágrafo que é inserido nas edições seguintes da obra de Gândavo (1590², 1592³, 1594⁴),
em que é referido mais detidamente o passo do poema em que «o nosso celebrado
Camoens» mostra a «excellencia» da língua.

[17] Cf. FERNÃO DE OLIVEIRA, *Gramática,* p. 116.

[18] Cf. JOÃO DE BARROS, *Gramática,* p. 394.

ridade: a da erudição. Fernão de Oliveira refere-se por duas vezes ao padre mestre Baltasar, da Ordem do Carmo, «cuja língua eu não tenho em pouco entre os Portugueses» [19], e a João de Barros [20]. Assim substitui, como detentores da autoridade, Quintiliano e Varrão, senhores da língua latina, na qual, como língua morta e ferida de fixidez, «depois que os Latinos acabaram, não temos nós, que não somos Latinos, licença de pôr nem tirar, nem mudar nada [...]» [21]. Licença que concede, em relação à língua portuguesa, àqueles que têm «habilidade e saber»: toda a inovação, em princípio legítima, quando «o houvermos mister, seja conforme à melodia da nossa língua e seja entregue não a qualquer pessoa, mas àqueles de cujo saber e vontade nos poderemos ficar com razão [...]» [22]. Estabelece-se, pois, uma dinâmica entre autoridade e «liberdade» [23].

Dinâmica ou tensão criativa, através da qual os humanistas procuram erigir uma entidade que, seja qual for o nome que tiver, corresponderá, assim cremos, ao conceito moderno de *norma*.

Se, com efeito, e julgamos que sem dificuldade, esse conceito emerge da doutrina dos gramáticos quinhentistas, e se eles claramente aperceberam o conceito de língua como sistema de equilíbrios e coerências, parece-nos também claro que a esse outro problema a existência (ou aspiração) a uma norma-padrão foram igualmente sensíveis: segundo um discurso evidentemente diferente do discurso moderno mas, talvez, dotado de uma total ou, pelo menos, grande eficácia. O *uso* variável, portador, como já vimos, de uma multiplicidade de nomes, aparece como uma espécie de intermediário entre a Língua e a Fala e identifica-se (uma vez sancionado pela *auctoritas*) como uma «antecipação» do que vai ser a norma. A oscilação terminológica dos doutrinadores corresponde a uma indefinição conceptual, mas, por outro lado, leva a identificar aquilo que nos *usos* permite eleger um e erigi-lo ao estatuto de norma, sobrepondo-se ou ganhando terreno sobre os demais.

---

[19] FERNÃO DE OLIVEIRA, *Gramática*, pp. 72 e 92.
[20] JOÃO DE BARROS, *Gramática*, p. 121.
[21] FERNÃO DE OLIVEIRA, *Gramática*, p. 98.
[22] *Ibid.*, p. 104.
[23] *Ibid.*, p. 106.

Se é, pois, a «orelha» e a «vontade do povo» que vão produzir a «unidade de língua» e essa é «boa linguagem», «bom costume», «bom uso» [24], eis que se estabelece uma ordem normativa proveniente de um juízo de valor que, se depende, em princípio, da *auctoritas*, deriva também de um conceito de *urbanitas* a que, no contexto da Europa renascentista, corresponde o *uso áulico* ou, para os italianos, nomeadamente para Bembo, a *língua cortigiana*, por oposição com o *popolaresco uso*.

Se, no caso dos italianos, existe, como referimos, uma tensão entre os vários «usos» e uma dificuldade em encontrar, a partir da «eleição» entre diferentes modos de falar, a norma, como estatuto linguístico unificador, no caso dos gramáticos portugueses do século XVI parece, pelo contrário, estabelecer-se uma tendência capaz de eliminar a tensão entre o uso áulico e o uso regional correspondente ao conceito designado, no discurso latino, por *rusticitas*, a qual «alguns indoutos desprezam» [25], mas que não pode também confundir-se com fala de cortesãos [26].

Assim, numa postura sincrónica, os dois doutrinadores portugueses apercebem-se da dialectação, ainda que atenuada, de Entre Douro e Minho, Beira e Alentejo [27]; mais ainda, de «nova» dialectação que vai produzir a «fála de negros» [28]: e assim se entrecruzam agora e se definem os conceitos que designámos por *vetustas* e *modernitas*. Se a fala de Entre Douro e Minho é marca de antiguidade, para João de Barros, e por isso entra, na hierarquia conceptual, numa ordem venerável [29], a «fála de negros» marca a modernidade, tão imediata que

---

[24] Expressões igualmente frequentes ao longo dos textos e de que não é relevante apresentar a exaustiva recolha.

[25] JOÃO DE BARROS, *Gramática*, p. 402.

[26] *Ibid.*, p. 342. Cf. ainda FERNÃO DE OLIVEIRA, *Gramática*, p. 87: «[...] os aldeãos não sabem as falas da corte [...] nem os lavradores de Entre Douro e Minho entendem as novas vozes [...]».

[27] Cf. FERNÃO DE OLIVEIRA, *Gramática*, pp. 87, 95, 98, 117 e 121; JOÃO DE BARROS, *Diálogo em louvor da nóssa linguágem*, p. 402.

[28] JOÃO DE BARROS, *Gramática*, p. 350.

[29] A antiguidade (não se entenda a Antiguidade Clássica) constantemente aparece como factor de prestígio. Veja-se, por exemplo, FERNÃO DE OLIVEIRA, *Gramática*, p. 39: «em muitas outras coisas tem a nossa língua vantagem, porque ela é *antiga*, ensinada, próspera e bem conversada e também exercitada em bons tratos e ofícios». Itálico nosso. Note-se que neste passo se encontra o embrechamento da *vetustas*, da *auctoritas* e do *usus*.

constitui parte da experiência testemunhal dos observadores. E essa modernidade entra também na teia complexa de princípios em tensão, mas em equilíbrio, da qual vai surgir o tecido da norma que o *tempo* consagra: «será cousa trabalhósa serem lógo éstas nóvas figuras reçebidas em nóssa ortografia, mas o tempo âs fará tão próprias como sam as outras de que o usamos» [30]. E sobre o tempo, entidade legitimadora do ilegítimo, sustenta o autor o seguinte discurso:

> Pois as cantigas, compóstas do povo, sem cabeça, sem pés, sem nome ou vérbo que se entenda, quem cuidas que âs tráz e léva da terra? quem âs fáz serem tratádas e reçebidas do comum consintimento [31]? O tempo, pois este fáz as cousas tão naturáes, como a própria natureza. Este nos deu a elegançia latina; este nos trouxe a barbária dos godos; este nos deu *xa* e *cha* dos mouriscos, e este nos póde fazer ricos e póbres de vocábulos, segundo o uso e prática que tivérmos das cousas [32].

Equilíbrio, portanto, além daquele entre *usus* e *auctoritas*, também entre a *rusticitas* e a *urbanitas*, entre a *vetusta* e a *modernitas*, formando os vértices do hexágono normativo:

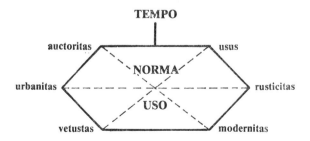

[30] JOÃO DE BARROS, *Gramática*, p. 375. Cf. ainda FERNÃO DE OLIVEIRA, *Gramática*, pp. 86-88.
[31] «Comum consintimento» é, pois, a norma.
[32] JOÃO DE BARROS, *Diálogo em louvor da nóssa linguágem*, p. 403.

E assim se constitui, em última análise, uma visão que, de sincrónica, se assume como visão diacrónica do fenómeno da linguagem:
abertura singular em direcção a uma Gramática Histórica, que não
chega, todavia, a erigir-se como área de reflexão, mas se limita a uma
verificação imposta pela própria evidência. É que, de facto, ao descre-
ver a norma, de um ponto de vista sincrónico, os doutrinadores não
perdem de vista a dinâmica da evolução linguística, que leva a que as
«orelhas não consintam a música e vozes fora do seu tempo e costume» [33].

Assim, sujeito ao *tempo,* a norma emerge como resultante de uma
dinâmica de forças contraditórias mas em equilíbrio, ultrapassada a
oscilação e fragmentariedade, mas perdida talvez também essa sinergia,
que, durante séculos, se manifestara como uma indomável força criadora.

Lisboa, 1981.

---

[33] FERNÃO DE OLIVEIRA, *Gramática,* p. 94, Cf. ainda *ibid.,* pp. 85 e segs.; *ibid.,*
p. 108.

A «LÍNGUA DE ADÃO»

1. Origem e natureza da Linguagem são tópicos que relevam de uma teoria da linguagem como um ramo da teoria do conhecimento — gnoseologia — e da epistemologia.

Dentro de um esquema de hierarquias lógicas, o problema da natureza da linguagem, isto é, da relação entre o signo e o referente, é precedido da averiguação da origem da linguagem. Mas a verdade é que se afigura que ambas as questões se implicam mutuamente e se sobrepõem.

Entre os Gregos, os dois problemas convergem e o *Crátilo* parece representar, em certa medida, e em contradição com o pressuposto do «inventor de nomes» (ὀνοματοθέτης), uma só resposta para os dois problemas: o signo tem *origem* no referente. A mesma resposta resolve assim dois problemas, isto é, o da natureza e o da origem: a relação signo/referente é estabelecida em termos de causa e efeito.

Ora, para o problema da génese da linguagem são identificáveis várias ordens de respostas. Segundo as teorias biológicas, há que remontar à pré-história do próprio homem para encontrar nos meios expressivos não linguísticos a remota origem da linguagem articulada [1].

---

[1] A *Carta* de Pêro Vaz de Caminha, escrita em 1 de Maio de 1500, é um expressivo depoimento sobre a eficácia da comunicação gestual: «Um deles, porém, pôs olho no colar do capitão e começou d'acenar com a mão para terra e despois para o colar, como que nos dizia que havia em terra ouro [*Etc.*].» (PÊRO VAZ DE CAMINHA, *Carta a el-rei dom Manuel sobre o achamento do Brasil*, introdução, actualização do texto e notas de M. Viegas Guerreiro; leitura paleográfica de Eduardo Nunes, Imprensa Nacional-Casa

As teorias antropológicas, por outro lado, enfatizam a *necessidade* como propulsora da comunicação linguística[2]. Por seu lado, das chamadas teorias filosóficas, umas apontam para o inatismo da linguagem, outras para pressupostos empíricos, ou deterministas. A teoria do contacto, de base mecanicista, é, por assim dizer, uma variante das teorias filosóficas: propõe de certo modo uma conciliação entre estas e as antropológicas, apresentando como axioma: «C'est le langage qui aurait crée l'homme plutôt que l'homme le langage[3].»

E ainda que, por uma espécie de tabu, as exigências positivistas do pensamento contemporâneo tenham renunciado a um tipo de averiguação marcadamente especulativo, a verdade é que, inevitavelmente, a reflexão linguística vai sempre embater contra essa dupla insolubilidade: *como* e *o que* é a linguagem? É por isso que o cratilismo, renascendo

---

da Moeda, Lisboa, 1974, p. 40.) A experiência de uma linguagem «universal» não articulada (como uma «arquilíngua») é, entre outros lugares, referida por João de Barros, a propósito da célebre aventura de Fernão Veloso na Baía de Santa Helena: «[...] e ele [...] não acudia aos acenos que a natureza fez comũus a todolos homẽs [...]» (*Déc.* I, IV, cap. II). Esse frente-a-frente dos portugueses e dos falantes de uma língua ininteligível faz também parte da micronarrativa camoniana do mesmo episódio: «Vi logo, por sinais e por acenos, / Que com isto se alegra grandemente.» (*Lus.*, V, 30.) Contudo, devemos sublinhar que, noutro plano discursivo, João de Barros não deixa de verificar a complementaridade (não necessariamente substituição) da linguagem gestual em relação à linguagem articulada: «Outras muitas interjeições temos que máis se demóstram nos autos e meneos de quem ôs faz do que a letra ôs póde exprimir [...]». (*Gramática*, p. 349.) Em sentido inverso, isto é, a possibilidade de «verbalização» dos *acenos* e *meneos* é, pelo contrário, verificada em relação à língua japonesa. Diz o autor da *Arte da Lingoa de Iapam*: «[...] em gram parte o que nos significamos com gestos e movimentos de mãos, significão os Iapões com suas composições e adverbios» (padre JOÃO RODRIGUES, *Arte da Lingoa de Iapam*, Nagasaki, 1604-1608, 54 v); reed., Tóquio, 1960.

[2] É esta, de certo modo, e em conciliação com o teologismo conceptual, a posição expressa de João de Barros e implícita no discurso de Fernão de Oliveira: «Eu não digo que pôs nome àquêlas que os hómens inventáram pera suas neçessidades [...].» [JOÃO DE BARROS, *Diálogo em louvor da nóssa linguágem*, p. 394]; e ainda: «E todas éstas e outras muitas cousas pódes crer que a neçessidade, cobiça e malícia dos hómens trouxéram consigo. (*Etc.*).» (*Ibid.*, pp. 394-395); «[...] das coisas nascem as palavras, e não das palavras as coisas [...]» (FERNÃO DE OLIVEIRA, *Gramática*, p. 39.)

[3] J. MONOD, *Le Monde*, 30-XI-1967 (cit. por Lidio Nieto Jiménez, «Introduccion», p. 62: BERNARDO JOSÉ DE ALDRETE, *Del Origem de la Lengua Castellana ò romance que oi se usa en España. Ideas lingüísticas de Aldrete*, Edición facsimilar y estudio de Lidio Nieto Jiménez, 2 vols., Consejo Superior de Investigaciones Científicas, Madrid, 1975). Numa convergência de conceitos, observe-se que o postulado de Monod se aproxima surpreendentemente do de Isidoro de Sevilha: «ex linguisgentes, non ex gentibus lingae exortae sunt» (*Etymologiarum sive Originum Lib.*, IX, I, 14). Utilizámos a edição de W. M. Lindsay, Oxford University Press, Oxford, 1911.

de si próprio, abre sempre novas vias de pesquisa e de reflexão: o tema da motivação do signo erige-se em cada momento, ainda que de nova maneira, como um tema submetido a novas glosas e variações.

É esse mesmo tema — a motivação — para o qual também as teorias apontam: a linguagem «vinda de fora», ensinada ou dada ao homem como um signo «natural» pela própria divindade. É elucidativo, a esse respeito, o discurso introdutório de Aldrete [4]:

> Recebio el hombre dela Divina mano dos beneficios en antiguedad natural los primeros, en utilidad ricos, en nobleza ilustres, la razon, i la lengua su interprete, con el primero le hizo semejante a si, i con el segundo, que tuviese compañia con los otros hombres mediante la comunicación, i trato.

Contudo, afigura-se-nos que mais do que a averiguação abstracta da natureza da palavra — o *Verbo* — é o da sua origem que postulara a sua própria essência ou natureza que absorve o pensamento especulativo dos linguistas do Renascimento.

E se a origem da linguagem é concebida pelo pensamento filosófico contemporâneo, a partir da Adelung, Adam Smith e Humboldt, em termos de tipologia linguística, permitindo distinguir línguas «primitivas» e «evoluídas», línguas «perfeitas» e «imperfeitas» [5], os homens do Renascimento, pelo contrário, partem do pressuposto teológico segundo a letra bíblica e discutem-no não sem inquietação, como veremos. A própria essência, a natureza da linguagem em si mesma escas-

---

[4] BERNARDO JOSÉ DE ALDRETE, *Del Origen*, ed. cit., p. 2. Note-se, aliás, que existe no discurso do autor uma tendência para a conciliação do teologismo e do antropologismo, tendência cuja traça encontramos já nos doutrinadores quinhentistas, nomeadamente João de Barros e Fernão de Oliveira, e se desenvolve a partir dos primeiros decénios do século XVII. Cf. DUARTE NUNES DO LEÃO, *Origem da lingoa portuguesa*, Pedro Craesbeck, Lisboa, 1606. Edição consultada: Lisboa, 1784.

[5] Vejam-se sobre este assunto, entre a bibliografia existente, as sínteses de EUGENIO COSERIN, «Sobre la Tipologia Lingüística de Wilhelm von Humboldt», in *Tradición y Novedad en la Ciencia del Lenguage*, Gredos, Madrid, 1977; JULIA KRISTEVA, *História da Linguagem*, Edições 70, Lisboa, 1969; G. MOUNIN, *Histoire de la linguistique des origines au XXe siècle*, P U F, Paris, 1967.

samente é abordada, embora seja possível encontrar o rasto da problemática instituída no *Crátilo,* ao colocar o problema da relação entre o referente e o signo e, na unidade deste, a dicotomia significado/significante, como faces diferenciadas de uma única entidade.

Assim se chega «à la création d'un *dehors* de la langue et d'une *extériorité* dans son dedans même, puisque le signe devra être distingué du référent, et, dans le signe, le signifié du signifiant» [6].

É nesse sentido, cremos, que deve interpretar-se o discurso de Fernão de Oliveira:

> Este só é um meio [a linguagem] que Deus quis dar às almas racionais para se poderem comunicar entre si e com o qual, sendo espirituais, são sentidas dos corpos [7].

São essas especulações que, derivando do pensamento antigo, encontraram no pensamento medieval uma formulação teológica, inspirada na tradição bíblica, e vão constituir, uma vez mais, para os Gramáticos do Renascimento, um motivo de reflexão e um tópico de averiguação especulativa que, surpreendentemente, se vai manter inalterável, até ao século XIX, como parte do corpo da ciência linguística «oficial».

Divididos entre o dogma e um posicionamento marcadamente crítico, tomam como ponto de partida o passo do *Génese,* segundo o qual Adão dá nome às coisas, assumindo a função do «dador de nomes» platónico, ὀνοματοθέτης [8].

Tomando, portanto, como fonte directa o passo bíblico mencionado, diz João de Barros:

> Segundo nos éla [a sagráda escritura] demóstra, depois que Deos criou Adam, que foi o primeiro hómem, e ô pôs na-

---

[6] MICHEL PIERSSENS, *La tour de Babil. La fiction du signe,* Minuit, Paris, p. 76.
[7] FERNÃO DE OLIVEIRA, *Gramática,* p. 39.
[8] *Gen.,* 2, 19-20.

quele lugár deleitoso, apresentou-lhe todalas cousas que pera ele criára, as quáes Adám conheçeo, e âs chamou per seu nome, que entám nòvamente pôs [9].

É, pois, claro que, implicitamente, segundo a tradição autorizada pelos textos sagrados, a linguagem primitiva é denominativa e a primeira categoria é, efectivamente, na sua especificidade, o *Nome* [10].

2. Por conseguinte, parece — à primeira vista — que os gramáticos do Renascimento estão muito próximos da interpretação literal da Bíblia. Consideram esse passo do *Génese* como um passo factualmente histórico, o qual postula, de imediato, a identificação de uma língua primeva — o hebraico —, já que teria sido essa a expressão adâmica. Não obstante, Santo Isidoro de Sevilha, num rasgo notável, distinguira já, da língua através da qual Deus comunicaria com Adão e com os homens — o hebraico (única língua do Paraíso, donde os teólogos excluem a expressão multilinguística) —, da linguagem espiritual que serve os espíritos e os anjos [11].

Das línguas humanas, porém, essa continuava a ser a língua-mãe: «Nam priusquam superbia turris illius in diversos signorum sonos hu-

---

[9] JOÃO DE BARROS, *Diálogo em louvor da nóssa linguágem*, p. 394. Sobre a língua adâmica, no contexto do pensamento linguístico peninsular do século XVI, cf. Stegagno Picchio, *op. cit.*, pp. 25 e 96.

[10] Sobre o carácter denominativo da linguagem, ver MICHEL FOUCAULT, *Les Mots et les Choses*, pp. 112 e segs. Cf. ainda GÉRARD GENETTE, «Avatars du cratylisme», in *Poétique. Revue de théorie et d'analyse littéraires*, 11 (1972), Seuil, Paris, p. 368: «Il est du mouvement spontané du cratylisme, en tant qu'il privilégie sur toute autre la relation sémantique, de concevoir le langage comme une collection de mots, mais spécifiquement de *noms* désignant des *choses*: ce que Saussure appellera une 'nomenclature' [...]. N'étant jamais lié à un 'objet' extérieur stable et déterminé le verbe désigne plus manifestement que le nom une 'abstraction' [...].» Os nomes adâmicos corresponderiam, por consequência, aos «nomes elementares», formando a «linguagem transracional» de que fala Khlébnikov (cf. TZVETAN TODOROV, «Le nombre, la lettre, le mot», in *Poétique. Revue de théorie et d'analyse littéraires*, 1, Seuil, Paris, 1970, pp. 102-111, e ainda *ibid.*, VÉLIMIR KHLÉBNIKOV, «Livre des préceptes», pp. 112-126).

[11] Cf. *Isidori Etymologiarum Lib.*, IX, I, 11: «Cuiusmodi autem lingua locutus est Deus in principio mundi, dum diceret: 'Fiat lux', inveniri difficil est. Nondum enim erant linguae [...]. Loquitur autem Deus hominibus non per substantiam invisibilem, sed per creaturam corporalem, per quam etiam et hominibus apparere voluit, quando locutus est. Dicit etiam Apostolus (I Cor. 13, 1): 'Si linguis hominum loquar et angelorum'. Vbi quaeritur qua lingua angeli loquantur; non quod angelorum aliquae linguae sint, sed hoc per exaggerationem dicitur.»

manam divideret societatem, una omnium nationum lingua fuit, quae Hebrae vocatur [12].»

Das línguas escritas, o hebraico era também a língua-mãe, já que nela Moisés escrevera a Lei. E é ainda em Isidoro [13] que os gramáticos do Renascimento encontram a autoridade. Parece-nos significativo que, enquanto no que diz respeito à língua primariamente falada (nomeadamente Nebrija, Fernão de Oliveira e, mais tarde, Nunes do Leão) se denuncia uma hesitação por omissão, no que se refere à língua escrita, pelo contrário, o discurso é sempre mais explícito e decisivo. Assim, Nebrija, por exemplo, inicia a sua reflexão linguística na *Gramática* pela invenção da escrita por Moisés [14]. Significativo, já que a escrita aparece duplamente vocacionada: instrumento da Ordem e da Lei e, ao mesmo tempo, da «incorrupção». Língua sagrada, para hebreus e cristãos, a língua bíblica é sempre a *mesma,* «la qual dal suo nascimento sino al dì d'oggi si è conservata sempre la medesima appunto» [15]. Adão e Moisés, portanto, inventores da língua nas duas instâncias que o processo comunicativo pode revestir — oral e escrita: «a língua do nósso primeiro pádre, Adám, foi a hebrea, aquéla em que Mousés escreveu os livros da lei» [16].

Mas se o hebraico permanece, durante um lapso de vários séculos, indiscutivelmente como a língua primigénia e a única língua do Paraíso, não podemos deixar de identificar no discurso dos doutrinadores

[12] *Ibid.*, IX, I, 1. No mesmo passo, o bispo Hispalense constitui-se como fonte directa da maior parte dos gramáticos do Renascimento, nomeadamente de Nebrija e de João de Barros, ao instituir a tríade clássica das três línguas sagradas: «Tres sunt autem linguae sacrae: Hebraea, Graeca, Latina, quae toto orbe maxime excellunt. His enim tribus linguis super crucem Domini a Pilato fuit causa eins scripta.» (*Ibid.*, IX, I, 1.)
[13] «Hi sunt quinque libri Moysi, quos Hebraei thora, Latini Legem appelant Proprie autem Lex appellatur, quae per Moysen data est.» (*Isidori Etymologiarum Lib.*, VI, I, 5-6); e ainda «Litterae Latinae et Graecae ab Hebraeis videntur exortae [...]. [...] nosse possimus liguam Hebraicam omnium liguarum et litterarum esse matrem.» (*Ibid.* I, III, 4.)
[14] Cf. NEBRIJA, *Gramática*, p. 6: «Assi que começo a florecer la lengua ebraica enel tiempo de Moisen; el cual, despues de enseñado enla filosofia i letras delos sabios de Egipto i merecido hablar con Dios i comunicar las cosas de su pueblo, fue el primero que oso escrivir las antiguedades delos judios i dar comienço ala lengua ebraica, la cual de alli en delante sin ninguna contencion nunca estuvo tan empinada cuanto enla edad de Salomon, el cual se interpreta pacifico, por que en su tiempo conla monarchia florecio la paz criadora de todas las buenas artes i onestas.»
[15] GIAMBULLARI, *Raggionamento*, p. 298.
[16] JOÃO DE BARROS, *Diálogo em louvor da nóssa linguágem*, p. 393.

uma certa tonalidade de reserva e, até, de coacção ideológica que o transforma, de algum modo, num discurso de «segundas intenções» [17]. Observemos, por conseguinte, a dialéctica implícita no texto de João de Barros, como registo dessa reserva e, ao mesmo tempo, da tentação de um discurso racional.

Com efeito, diz a esse propósito: «ao tempo da edificaçám de Babilónia, *em que a linguágem éra toda ũa*» [18]. Segundo o gramático, portanto, a língua usada era, «ao tempo da edificaçám de Babilónia», aquela que a comunicação Deus-Adão engendrara, acrescentada dos nomes posteriormente inventariados: «Eu nam digo que [Adam] pôs o nome àquêlas [cousas] que os hómens inventáram pera suas neçessidádes e deleitações, mas às que foram criádas no prinçipio do mundo [19].» É, pois, notável a conciliação entre o teologismo (os nomes adâmicos) e o empirismo (os nomes inventados por necessidade), cuja inevitabilidade o gramático sublinha: «haveria muitas cousas inventádas pera o uso daquele edifício, e doutras neçessidádes, às quáes poséram eles nome, e às naturáes pôs Adám» [20].

---

[17] É o caso, por exemplo, do erudito classicista José Vicente Gomes de Moura (*Noticia succinta dos Monumentos da Lingua Latina e dos subsidios necessarios para o estudo da mesma*, Real Imprensa da Universidade, Coimbra, 1823), que recolhe, fielmente, em pleno século XIX, a doutrina transmitida por João de Barros: «[...] a linguagem tivera princípio em Adão ainda solteiro» (*op. cit.*, p. 7), entendendo-se ter, como único interlocutor, Deus. A partir de Leibniz encontram-se, não obstante, as primeiras contestações da tese da monogénese linguística, o que não impede a sua persistência «oficial». Além da monogénese, a doutrina bíblica da língua única como língua do Paraíso, apresenta poucos desvios: um deles é o nórdico Kempe (cf. CLAES-CHRISTIAN ELERT, «Andreas Kempe (1622-1689) and the Languages spoken in Paradise», in *Historiographia Linguistica*, V, 3 (1978), John Benjamius B. V. Publisher, Amsterdão, pp. 221-226), que chega ao extremo — talvez por humorismo — de conceber um trilinguismo «paradisíaco», identificando o sueco com a língua falada por Deus, o dinamarquês com língua de Adão e o francês, língua da serpente. Distingue, portanto, numa espécie de psicolinguística satírico-pitoresca as línguas do Paraíso que a ortodoxia bíblica considerava monolinguístico. Sendo o francês a língua da serpente, língua infernal ou diabólica, não podemos deixar de lembrar o processo de associação psicológica que leva Gil Vicente a conceber a figura do Diabo, na *Farsa chamada Auto das Fadas*, falando Picardo. Ver sobre o assunto: LUCIANA STEGAGNO PICCHIO, «Diavolo e inferno nel teatro di Gil Vicente», in *Annali-Sezione Romanza*, do Istituto Univ. Orientale, Napoli, vol. I, 2, 1959, pp. 31-59, particularmente pp. 41-43.

[18] JOÃO DE BARROS, *Diálogo em louvor da nóssa linguágem*, p. 395. Itálico nosso.

[19] *Ibid.*, p. 394.

[20] *Ibid.*, p. 395. Cf. de Juan Luis Vives, cujas relações culturais com João de Barros são conhecidas, o seguinte passo: «[...] nam illa [lingua] perfectissima esset omnium, quorum verba rerum naturas explanarent, qualem credibile est fuisse illam, qua Adam

Nomes naturais, correspondendo a coisas naturais, numa profunda e perfeita harmonia primordial? Sugestão que, apontando para uma arquilíngua, «língua elementar», repousa sobre a absoluta sabedoria da natureza pura sempre recém-criada? Sugestão que, derivando da colocação de um problema a nível filosófico, não deixa de ser também uma sugestão poética, de que o simbolismo moderno irá fazer coisa sua[21].

No que diz respeito, porém, ao pensamento expresso dos doutrinadores do século XVI, que encontra a sua mais ampla formulação discursiva no texto de João de Barros, eis-nos perante um facto a nosso ver surpreendente. Estratificadores de uma doutrina linguística de raiz teológica, eles apresentam, simultaneamente, numa tentativa conciliatória, a abertura para pistas que vão conduzir às teses antropológicas e até materialistas da linguagem[22].

O *homem moderno* que desperta entrevê novas premissas para o problema, premissas que, aliás, nem sempre serão aproveitadas pela descendência directa destes pensadores, ao menos no que diz respeito à estrita «ciência» linguística de circulação oficial.

Dom de Deus, «figura do entendimento»[23], a linguagem é natural ao homem, o que leva João de Barros a afirmar, numa expressiva concisão: «ao hómem é natural a fála»[24]. E, sendo o homem composto

---

singulis rerum *nomina* imposuit; *haec* enim verae sunt rerum appellationes [...]». (*Joannis Ludovici Vivis Valentini Opera omnia, distributa et ordinata in argumentorum classes praecipuas a Gregorio Majansio, Gener. Valent.*, Valentiae Edetanorum, 1782-1790, «De tradensis disciplinis», p. 299).

[21] Sobre a língua elementar, «qui est sage parce qu'elle même fait partie de la nature», cf. VÉLIMIR KHLÉBNIKOV, «Livre des préceptes», in *Poétique. Revue de théorie et d'analyse littéraires*, 1 (1970), Seuil, Paris, pp. 112-126, e ainda o comentário à obra do chefe de fila do futurismo russo de T. TODOROV, «Le nombre, la lettre, le mot», *ibid.*, pp. 102-111. Sobre a reflexão poético-especulativa que postula que «la relation entre le signifiant et le signifié n'est pas arbitraire mais nécessaire» (*ibid.*, p. 107), ver também, de MICHEL PIERSSENS, «La folie de Mallarmé», in *La tour de Babil. La fiction du signe*, Minuit, Paris, 1876, pp. 17-51. Textos que apontam, naturalmente, para um cratilismo moderno, que algumas correntes actuais do pensamento enfatizam.

[22] LUCRÉCIO, *De natura rerum*, I, 907.

[23] FERNÃO DE OLIVEIRA, *Gramática*, p. 38.

[24] JOÃO DE BARROS, *Gramática*, p. 349. Cf.: «[...] ac quemadmodum mentem munere habemus Dei, sic etiam loqui naturale est nobis [...]». (LUIS VIVES, *op. cit.*, p. 298.)

de corpo e espírito, eis, segundo o seu pensamento, a dualidade do acto de falar, que, na sua essência, provém da divindade:

> [...] a Deus aprouve que, mediante o pádar, língua, dentes e beiços, um respiro de ar movido dos bofes, causado de ũa potência a que os latinos chamam *affatus,* se formassem palavras significativas, pera que os ouvidos, seu natural objecto, representassem ao intendimento diversos significados e conceitos segundo a disposição delas [...] [25].

Da posição teológica assiste-se, portanto, no pensamento destes homens, à subtil transição para uma posição empirista, baseada na hipótese vitruviana por um lado e na célebre e também multiaplicada lenda de Psamético, referida por Heródoto [26]. Diz João de Barros:

> Vitrúvio [...], na sua arquiteitura quér dar princípio donde os hómens, tomáram o uso da fála, dizendo que do consórçio que tinham uns com outros, quando se aguentávam ao fogo, que novamente se achará (segundo ele conta), viéram ter neçe(s)sidade da fála, pera se entenderem antre si, e que ésta neçe(s)sidade ôs moveu a isso [...] Heródoto [...] quis afirmár quál fora ésta linguagem, contando aquéla esperiência que Persamiético *(sic),* rei de Egipto, fez em dous meninos que mandou criár às tetas de duas cábras, encomendando ao pastor a que deu este cuidádo, que em nenhũa maneira falásse ante eles, pera ver a que linguágem ôs inclináva a natureza. Os quáes, passádos dous anos de sua idáde, disséram contra o pastor, com as mãos levantádas à maneira de quem róga, ésta palavra *becus,* que em língua frígea, quér dizer *pam.* Donde tivéram opiniám que a língua frígea fora a primeira do mundo [27].

---

[25] JOÃO DE BARROS, *Déc.* II, Prólogo: cf.: «In sermone omni sunt verba et sensa tomquam corpus et animus.» (LUIS VIVES, ed. cit., «De ratione dicendi», p. 94.)

[26] HERÓDOTO, II, 2.

[27] JOÃO DE BARROS, *Diálogo em louvor da nóssa linguágem,* pp. 392-293. Cf.: «[...] et quando aerarium est eruditions ac instrumentum societatis hominum [...]». (LUIS VIVES, ed. cit., «De tradendis disciplinis», p. 298).

Quanto a Fernão de Oliveira, com maior brevidade mas não menor expressividade, escreve:

> Vitrúvio diz no segundo livro dos seus *Edifícios* que, ajuntando-se os homens a um certo fogo, o qual por acerto com grande vento se acendeu em matos, e ali conversando uns com outros, souberam formar vozes e falar, e não dizendo onde foi este fogo [28].

E não deixa de ser um pouco surpreendente que, a nosso conhecimento, dos gramáticos quinhentistas ibéricos e dos seus imediatos sucessores, os quais formam o *corpus* a partir do qual se erige a discussão epistemológica da linguagem, só João de Barros se tenha referido discursivamente aos dois mitos genesíacos de Adão e Babel. O próprio Duarte Nunes do Leão e o seu par Bernardo José de Aldrete omitem os dois problemas e iniciam a sua especulação linguística pela introdução das letras em Espanha e pela discussão de qual terá sido a primeira língua falada do espaço hispânico.

Contudo, eis, no discurso de João de Barros, o que consideraremos o reforço da ordem, isto é, a rejeição — ainda que sob certa reserva — de uma posição talvez inquietantemente empírica: «Tu [António], leixádas todas éstas opiniões da gentilidáde, chega-te à verdáde da nóssa fé [...] [29].»

Dialéctica ou mesmo tensão entre a razão e o dogma de novo patente no espírito do humanista. E termina, numa atitude de dúvida — prenúncio da dúvida metódica? —, em que incontestavelmente se denuncia um índice de rejeição da autoridade: «Quál déstas seja a verdáde, é contenda de tam gráves barões, a nós nam é lícito afirmár [30].»

3. Qualquer que tenha sido — hebraico ou aramaico (a que chama caldeu, segundo a tradição isidoriana) — a «língua do Paraíso», o problema da origem da linguagem resvala infalivelmente para o da

---

[28] FERNÃO DE OLIVEIRA, *Gramática*, p. 43.
[29] JOÃO DE BARROS, *Diálogo em louvor da nóssa linguágem*, p. 393.
[30] *Ibid.*

diversidade das línguas. Uma vez mais a tradição dos textos sagrados, através da leitura da *Vulgata*, transmitida e ampliada a partir de Isidoro de Sevilha, está patente no tópico da Torre de Babel. Eis a versão da *Vulgata*, presente no espírito e no texto de João de Barros, subjacente a toda a doutrina linguística dos seus pares:

> [1] Erat autem terra labii unius, et sermonum eorumdem. [2] Cum que proficiscerentur de Oriente, invenerunt campum in terra Sennaar, et habitaverunt in eo. [3] Dixitque alter ad proximum suum: Venite, faciamus, lateres, et coquamus eos igni. Habueruntque lateres pro saxis, et bitumen pro caemento: [4] et dixerunt: Venite, faciamus nobis civitatem et turrim, cuius culmen pertingat ad caelum: et celebremus nomen nostrum antequam dividamur in universas terras. [5] Descendit autem Dominus ut videret civitatem et turrim, quam aedificabant filii Adam, [6] et dixit: Ecce, unus est populus, et unum labium omnibus: coeperuntque hoc facere, nec desistent a cogitationibus suis, donec eas opere compleant. [7] Venite igitur, descendamus, et confundamus ibi linguam eorum, ut non audiat unusquisque vocem proximi sui. [8] Atque ita divisit eos Dominus ex illo loco in universas terras et cessaverunt aedificare civitatem. [9] Et idcirco vocatum est nomen eius Babel, quia ibi confusum est labium universae terrae: et inde dispersit eos Dominus super faciem eunctarum regionum [31].

A lenda, ampliada em múltiplas versões medievais, atribui a Nemroth, ou Nemrod, senhor de Sennaar, a chefia da construção do edifício, tornado sacrílego por intenção [32]. E é essa versão, a cada passo recriada,

---

[31] *Gen.*, 11, 1-9: o passo citado, através de uma etimologia popular, relaciona o vocábulo hebraico *bālal* (misturar, confundir) com o nome da cidade de Babilónia, em acádio *bab-ili* (cf. *Dictionnaire Encyclopédique de la Bible*, Brepols, Paris, 1960). Nos nossos autores aparece indiscriminadamente *Babel* ou *Babilónia*. Uma nova e intencional reaproximação produz o termo *Babil*, sugerido a Michel Pierssens por Wolfson: *La Tour de Babil. La fiction du signe*, Minuit, Paris, 1976.

[32] A *Vulgata* apenas se refere a Nemrod como «robustus venator coram Domino» (*Gén.*, 10, 8-10) e o seu papel, presidindo à edificação da torre, é-lhe atribuído posteriormente, bem como um carácter diabólico ou, pelo menos, tocado da *hybris* que o leva

que, passando por Isidoro de Sevilha, é recolhida por Dante e passa a ser objecto de uma análise cujos pressupostos nos parecem claramente racionalistas no discurso extenso e, ainda que cauteloso, marcado por uma audácia crítica, de João de Barros. Parece-nos, efectivamente, distinguir nesse texto, a vários títulos surpreendente, uma tentativa de interpretação racional que diríamos «desmitologizadora». E, não obstante a linguagem despojada e coerente, julgamos poder detectar um certo número de implicações no plano da epistemologia da linguagem. Assim, João de Barros começa por, numa espécie de profissão de fé, reivindicar o «direito» à autonomia do pensamento e diz, dirigindo-se a António: «nam havemos de negár ao intendimento a especulaçám da verdáde, pois nisto consiste toda a deleitaçám dele», acrescentando, num reforço, digamos assim, da ordem e da ortodoxia: «prinçipalmente nas cousas que máis estám em opiniám que em fé» [33].

Como enquadrar a letra do mito com a razão reflectida? Para João de Barros, pois, os setenta e dois povos que participavam na edificação de Babel, sendo descendentes de Adão «segundo a carne», teriam herdado também a linguagem [34]. E eis-nos perante a surpreendente interpretação do humanista: «herdáram as vozes e o seu pecádo lhes trocou os significádos» [35].

Em todo o seu discurso estabelece-se um jogo conceptual que se exprime através dos metassignos *voz, significado, dicção, vocábulo, palavra.* E diríamos que, se *dicção, vocábulo, palavra,* apontam para o conceito de *signo linguístico,* entidade bíface, o metassigno *voz,* opondo-se a *significado,* corresponde, à evidência, ao conceito de significante. O discurso em análise aponta, pois, para uma ruptura e para a

---

a desafiar o Altíssimo. Cf.: «Nemrod qui coelum penetrare voluit auctor aedificandae turris quae tangeret coelum, significat diabolum.» (*Glosa ordinaria,* atribuída a Walafrid Strabo, século IX.) E ainda: «Nembroth interpretatur tyrannus. Iste enim prior arripuit insuetam in populo tyrannidem, et ipse adgressus est adversus Deum impietatis aedificare turrem.» (*Isidori Etymologiarum Lib.,* VII, VI, 22; cf. ainda XV, I, 4 e V, XXXIX, 6.) Entre a vasta bibliografia descritiva do mito, veja-se, por exemplo: J. RINIERI, *Bibbia e Babele, Il primo capo della Genesi,* Sienne, 1919; ANDRÉ PARROT, «La Tour de Babel et les ziggurats», *Nouvelle Clio,* Paris, 1950; do mesmo, «Déluge et Arche de Noé», *Cahiers d'Archéologie biblique,* Paris, 1952.

[33] JOÃO DE BARROS, *Diálogo em louvor da nóssa linguágem,* pp. 393-394.
[34] *Ibid.,* pp. 395-396.
[35] *Ibid.,* p. 395.

destruição da unidade do signo. Postula também, evidentemente, essa ambiguidade que se traduz pela «arbitrariedade» do signo.

Segundo a leitura que propomos do texto de João de Barros, este aponta, clara e efectivamente, para uma alteração da relação necessária entre o significado e o significante: significantes finitos para significados potencialmente infinitos.

Em Babel, rompe-se, portanto, a unidade primordial das duas faces do *signo*. Subverte-se a relação inicial e harmoniosa entre significante e significado e, consequentemente, entre o signo, criado como uma totalidade, e o referente: e essa alteração constitui, afinal, uma degradação — sanção do «pecado» [36]. Em Babel, engendra-se a situação deformante que Michel Pierssens caracteriza: «Il a bien fallu [...] que le signe d'abord éclate, e que signifiant et signifié soient reconnus de quelque manière dans toute leur distance 'arbitraire' [37].» E isso porque *antes* de Babel, a relação entre o significante e o significado, como entre o signo e o referente, não seria arbitrária, mas necessária. Com efeito, no seu comentário à concepção khlébnikoviana da linguagem, Todorov escreve: «Cette motivation est encore due à la nature: 'Selon toute apparence, la langue est aussi sage que la nature'. 'La langue est sage parce qu'elle-même fait partie de la nature' [38].» E acrescenta: «La langue universelle est possible car elle ne serait rien d'autre que la redécouverte d'une langue d'avant Babel, idéale et muette, qui existe depuis toujours, de l'archi-langue [39].»

Eis, pois, os pressupostos ontológicos e epistemológicos sobre os quais se edifica uma ciência e uma filosofia da linguagem que, remontando à Antiguidade greco-latina e judeo-cristã, atravessa a Idade Média,

---

[36] Cf. JOÃO DE BARROS, *Diálogo em louvor da nóssa linguágem*, p. 395: «[...] herdáram as vózes e o seu pecádo lhes trocou os sinificádos».

[37] MICHEL PIERSSENS, *La tour de Babil*, p. 74.

[38] T. TODOROV, «Le nombre, la lettre, le mot», p. 107.

[39] *Ibid.* Sobre o problema ontológico da natureza «original» do signo, escreve JEAN-MARIE BENOIST: «il n'y a pas lieu de se demander si le signe est nécessaire ou naturel ou arbitraire et immotive, puisque la désignation, métaphore originelle qui viendrait enter le signe sur la chose, n'a, au sens propre, jamais eu lieu [...].» (*Tyrannie du Logos*, Minuit, Paris, 1975, p. 55.) Ainda sobre a natureza do signo, veja-se, de ÉMILE BENVENISTE, «Nature du signe linguistique», in *Problèmes de linguistique générale*, Gallimard, Paris, 1966, pp. 49-55.

nobremente veiculada por Isidoro de Sevilha, à conquista de um espaço intelectivo, e atinge o Renascimento, onde se assume como uma «desmitologização» de certo modo revalorizada e redescoberta [40].

O discurso de João de Barros, o único dos gramáticos portugueses do século XVI que se demora dialecticamente sobre essa doutrina, parece-nos motivo de reflexão:

> Quéro dizer que, quando Deos, naquéla soberba óbra, confundiu a linguágem, não foi inventárem-se em um instante setenta e um vocábulos diferentes em voz [...]: mas confundiu o intendimento a todos pera por este nome, *hómem,* uns entenderem *pédra,* outros as diferentes cousas que se naquéla edificaçám tratávam. [...] E assi ficáram todos com toda a linguágem em vocábulos e com párte dos sinificádos próprios [...]. Donde pódes entender que a linguágem primeira de Adám hoje está no mundo: em ésta naçám dez vocábulos, nest'outra vinte, e assi está repartida, que todos â tem em vóz mas nam em um só sinificado [41].

Perda de motivação, à espera da «remotivação» capaz de restaurar a perfeição perdida? Causa da anomalia, obsidiante preocupação dos gramáticos, como contraponto da analogia?

A arbitrariedade e, em sequência, a polissemia do *signo* estão postuladas, por conseguinte, como uma degradação punitiva, que implica um afastamento da linguagem divina — a linguagem adâmica.

E essa arbitrariedade deve-se, afinal, à perda dos «nomes elementares», «nomes-pais», formantes dessa «língua elementar» buscada por Khlébnikov, sugestão que, por exemplo, também Mallarmé lançou, numa criação simultaneamente lúcida, poética e gnoseológica [42].

[40] Sobre o percurso da teoria adâmica da linguagem, veja-se de WOLFGANG KAYSER, «La doctrine du langage naturel chez Jacob Boehme et ses sources», in *Poétique. Révue de théorie et d'analyse littéraires,* 11, Seuil, Paris, 1972, pp. 337-366; em especial o cap. II, «La théorie du langage adamique dans l'Antiquité gréco-latine, judéo-chrétienne et au Moyen Âge», pp. 343-350.
[41] JOÃO DE BARROS, *Diálogo em louvor da nóssa linguágem,* pp. 395-396.
[42] Cf. T. TODOROV, «Le nombre, la lettre, le mot», e ainda MICHEL PIERSSENS, *La tour de Babil,* em especial o capítulo «La folie de Mallarmé», pp. 17-51.

Mas, segundo o discurso cratiliano de João de Barros, essa degradação, que implica também uma desmotivação, é apenas parcial, já que fere ou afecta *apenas* «as diferentes cousas que naquéla edificaçám tratávam» [43]: mas o certo é que a competência criadora da língua natural e com ela a conveniência necessária entre signo e referente não mais presidirá à criação linguística. Toda a longa discussão problemática instituída em termos científicos pela linguística actual é assumida pelos gramáticos quinhentistas em termos mítico-poéticos — transracionais — submetidos, não sem ambiguidade, a uma linguagem racional.

Eugenio Coseriu [44], ao averiguar «o desenvolvimento e transmissão histórica» da teoria da arbitrariedade do signo, formulada por Saussure, chega, em consequência, à conclusão, quanto ao conceito, de que «el término 'arbitrário', referido al lenguje, corresponde históricamente a la expresión aristotélica».

No que diz respeito ao termo «arbitrário», o levantamento, que afirma, aliás, não ser exaustivo, da lista cronológica dos autores, em que aparecem os termos *arbitrário* e *arbitrariedade,* faz remontar a Hobbes (1655-1658), Schottel (1663), Nicole (1671), Locke (1690) e J. Ray (1692) as mais antigas ocorrências de uma terminologia a que a linguística actual daria a maior ênfase.

Há pois, neste problema, duas ordens de reflexão: o conceito em si mesmo e o uso de uma terminologia de que o discurso metalinguístico moderno se apropriou. E, quanto a este segundo problema, ainda que não tenhamos procedido a uma busca sistemática, encontrámo-lo — recuando, portanto, as datas propostas por Coseriu para 1606 — na obra de Duarte Nunes do Leão:

> Polo que como as palavras são annunciadoras dos conceptos, que são tam varios, assi são ellas varias, e mudaveis, como cousa arbitraria [...] [45].

Se, numa ordem terminológica, podemos, pois, recuar a data *a quo,* da arbitrariedade do signo, numa ordem conceptual ela remonta, na

---

[43] JOÃO DE BARROS, *Diálogo em louvor da nóssa linguágem,* p. 396.
[44] «L'arbitraire du signe. Sobre la historia tardía de un concepto aristotelico», in *Tradición y Novedad en la ciencia del lenguaje,* Gredos, Madrid, 1977, pp. 13-61.
[45] DUARTE NUNES DO LEÃO, *Origem da lingoa portuguesa,* cap. I.

realidade, muito mais longe: não já de um ponto de vista histórico, mas num plano de incidência paradigmática, a partir do mito babélico, tomado como modelo de uma situação que define, em suma, a condição humana. O mito de Babel, porém, erige-se como modelo não só linguístico mas sociológico e até psicológico, exprimindo a incapacidade de adequação do processo comunicativo. Por isso, os construtores da *Torre* inclinada de Bruegel, talvez a mais bela e a mais célebre das interpretações iconográficas do mito, apontam com o dedo para a boca incapaz de estabelecer o circuito da comunicação. A *torre* metamorfoseia-se em *poço,* numa inversão axiológica [46].

Assim, a linguagem, «natural» ao homem [47], revelada por Deus a Adão (quanto a significado) e reduzida por ele ao estatuto de *signo,* através da aliança primordial com o significante, afasta-se da «natureza». Se Adão apenas dera nome às coisas «que foram criadas no prinçípio do mundo e ficáram entregues à natureza» parece postulada uma motivação inicial que em Babel se subverte e definitivamente se rompe, aniquilando a solidariedade que pareceria indestrutível entre os três *relata:* referente/significado/significante.

Tornada imperfeita, a linguagem deixara de ser precisamente a forma perfeita e divina de conhecimento, da realidade extralinguística ou objectual. E, deixando de ser «natural» para se submeter à tirania do alfabeto da razão» [48], é-lhe também retirado o poder criador e gnoseológico, hipóstases primordiais da sua natureza original [49].

---

[46] O quadro *Torre de Babel* (1563) de Pieter Bruegel, chamado também **Bruegel** de Velours, existente no Museu de Viena, é uma das muitas representações do tema que se reproduz a partir do século XI e quase desaparece a partir do século XVII, para voltar a aparecer no século XIX. Figura quer em mosaicos bizantinos, frescos, miniaturas, em *Livros de Horas, Bíblias* e manuscritos. O próprio Bruegel é autor de duas versões do mesmo tema: a chamada *Pequena Torre de Babel* (Col. Van Beuningen Vierhonten, Holanda) e o quadro impressionante de Viena. Quanto à «inversão» da *torre* em *poço,* veja-se a esplêndida interpretação romanesca de PAUL ZUMTHOR, *Le Puits de Babel,* Gallimard, Paris, 1970.

[47] A inerência da linguagem à condição humana é postulada por Fernão de Oliveira na frase de abertura da sua *Gramática:* «A linguagem é figura do entendimento.» (*Gramática,* p. 38.) Cf. ainda JOÃO DE BARROS, *Gramática,* p. 349: «E, bem como ao hómem é naturál a fála, assi lhe é naturál a convenência déstas pártes [...].»

[48] Cf. V. KHLÉBNIKOV, «Le livre des préceptes», II, in *Poétique. Révue de théorie et d'analyse littéraires,* 2, Seuil, Paris, 1970, pp. 233-254.

[49] Cf. WOLFGANG KAYSER, «La doctrine du langage naturel», em especial o cap. I.

A PRIMEIRA LÍNGUA DE ESPANHA

Ao longo de sucessivos passos na história cultural, as línguas vulgares — e, no caso vertente, o português — haviam-se individualizado em relação ao latim, afirmando-se progressivamente como suportes legítimos do discurso administrativo, legislativo e até literário. Em consequência, o problema da sua origem havia sido colocado numa ordem histórica e sócio-cultural.

João de Barros, como já tive ocasião de referir, menciona, como um dado adquirido, a filiação da língua portuguesa, oriunda e directamente derivada do latim, «cujos filhos nós somos». Mais ainda, ele salienta — em uníssono com Fernão de Oliveira — a proximidade do português em relação ao latim, tópico que vai funcionar, nas várias instâncias do discurso apologético, determinadas pelas diferentes e sucessivas conjunturas sociais e políticas, que culminarão na afirmação marcadamente anticastelhana dos meados do século XVII.

No modesto e popularizante opúsculo de Magalhães de Gândavo, o mesmo dado, incontroverso e definitivo, é utilizado como o mais forte argumento numa «questão da língua» que se situa não na vertente tradicional e erudita do português *versus* latim, mas numa nova vertente, de feição mais popular e envolvente, do português *versus* castelhano. No seu diálogo com o castelhano Falêncio, o português Petrónio afirma: «[...] aveis de saber que esta nossa língua foy inventada como forão as outras línguas. E se algũa nesta parte a favoreceu, foy a latina, da qual todos estes nossos vocábulos ou a mayor parte delles trazem sua origem». *(Diálogo em louvor da língua portuguesa.)*

Essa «maior proximidade» parece, de facto, irrefutável: ela é aceite pelos próprios «antagonistas» de uma questão que envolvia conceitos de prestígio, incorruptibilidade, antiguidade — que formavam parte de um aparelho conceptual de dignificação. Assim, por exemplo, o Anónimo, autor da *Gramática de la Lengua Vulgar de España* (Lovaina, 1559) (ed. do CSIC, Madrid, 1966, p. 7), afirma:

> [...] la lengua Portoguesa tiene tantas i tales variedades en algunas palabras i pronunciaciones, que biẽ se puede llamar lengua de por si: toda via no es apartada realmente de aquella que io llamo vulgar, antes son una mesma cosa, manaron de una mesma fuente [...] salvo que la Portoguesa se parece algo mas con la madre de entrambas, la lengua Latina.

Nessa perspectiva social e histórica, em que o conceito de «evolução», não totalmente assumido, se confunde com o de «corrupção», por vezes sobreposto ao de «contaminação», como aparece já claramente na *Origem* de Nunes do Leão, o elemento «corruptor» é identificado sucessivamente com os Godos, os Mouriscos e, finalmente, os povos Africanos, fazendo parte de uma seriação cronológica de *superstrata*. Corrupção, como equivalente semântico de evolução, é, no entanto, um termo portador de uma notável carga negativa: a «barbárie dos Godos», a que se refere Fernão de Oliveira: «muito menos nos louvemos dos Godos, porque eles perderam o que a virtude desta terra ensinou a ganhar aos nossos» (*Gramática,* ed. cit., p. 42). Referem-se-lhe também João de Barros e, mais tarde, Duarte Nunes do Leão, em cuja obra, publicada em 1606, se denota uma singular coincidência conceptual com a de Bernardo José de Aldrete, publicada em Madrid no mesmo ano. Diz este: «Porque, aviendose admitido em toda España la lengua latina de la suerte que emos dicho, i con la venida de los Godos i nuevo reino que fundaron, estragodose e corrompido el Romance que della nació [...].» (*Del Origen y Principio de la Lengua Castellana ó Romance que oi se usa en España,* Madrid, 1606, p. 164.) Ideia, portanto, generalizada e indiscutida.

Se nenhum, porém, desses gramáticos e doutrinadores havia posto em dúvida a filiação latina das quatro (ou cinco) línguas hispânicas, nenhum, também, havia considerado o latim como a língua original de Espanha ou, sequer, a mais antiga. À chegada dos Romanos à Península, facto historicamente bem esclarecido a seus olhos, o latim viera sobrepor-se às línguas anteriores, como portadora de valores culturais e como elemento unificador de um espaço geográfico retalhado de povos, culturas e línguas. Essa situação é, em síntese, admiravelmente descrita por Fernão de Oliveira (*Gramática da Linguagem Portuguesa* (1536), Lisboa, 1975, p. 204):

> De tudo isto está manifesto que, como em Espanha havia divisão de gentes e de senhorios e as gentes eram tão diferentes, assi havia diferentes linguagens.

Deixa, contudo, em aberto a questão da primazia e da maior antiguidade dos povos habitadores, bem como a questão linguística: «Questão, diz Nunes do Leão, tratada de muitos [...] que tem a resposta tão incerta quão incerto é que gente foi a que primeiro veio aportar a ela.» (*Ortografia e Origem da Língua Portuguesa* (1595-1606), Lisboa, 1983, p. 199.)

Assim, o problema da língua original de Espanha, remetida para a incerteza histórica ou remontando a uma antiguidade «provável», liga-se a uma área especulativa do conhecimento, transcendendo a historiografia e até a cronística e prende-se às questões epistemológicas da origem e natureza da linguagem. Deixa, pois, de ser encarado e abordado como um problema resolúvel em termos de história «profana» e entra no circuito do pensamento em torno do sagrado. Se a história do homem tinha o seu início num tempo primordial de que os textos bíblicos, e só eles, davam conta, a história da língua, tão antiga como a do próprio homem, tem de contar-se segundo o mesmo grau de antiguidade. Remonta-se, pois, à questão da língua adâmica, transmitida aos seus descendentes. Língua «revelada», segundo a própria expressão de João de Barros: «E se Adám viu essoutras [coisas] [...], seria quando mereceu ver em espírito a encarnaçám do Filho de Deus [...]. Éstas táes cousas, posto que âs Adám visse em revelaçám, como digo, não lhe pôs ele o nome que agóra tem.» (*Diálogo em louvor da nóssa linguágem* (1536), Lisboa, 1971, p. 394.)

O artifício ou a manobra especulativa vai, pois, consistir na apropriação dessa língua original, a língua do Paraíso que a ortodoxia postulava como monolinguístico, sendo o Hebreu a língua de Adám, escrita por Moisés. Cito ainda João de Barros: «Os Hebreus, por serem os primeiros a quem Deus quis comunicár a criaçám do mundo, afirmam que a língua do nósso primeiro pádre, Adám, foi a hebreia, aquéla em que Mousés escreveu os livros da lei.» (*Ibid.*, p. 393.) O hebraico, é, portanto, tido como a língua «incorrupta», directamente revelada por Deus à Criatura. Incorrupta e incorruptível por definição e, por conseguinte, língua da Verdade.

Ora, essa língua única e harmónica, correspondendo a uma relação directa de Deus com a Criatura e desta com a Natureza (cf. *Gén.*, 2, 19-20, passo mencionado por João de Barros), dissolvera-se ou, melhor, pulverizara-se após a confusão de Babel. Assim, das setenta e duas línguas, número tomado na sua literalidade, em qual delas se preservou a língua original? Em que lugar da terra se fixou o núcleo de homens que, falando ainda a língua do Paraíso, conservavam a herança do dom divino da língua? Em suma, quem detinha, em última análise, a língua adâmica, anterior a Babel?

Se pusermos de lado teses aberrantes ou pitorescas (aliás posteriores à época que nos ocupa) como a de Andreas Kempe (1622-1689) segundo o qual, no paraíso trilinguístico, só Deus falava a língua pré-babélica (o sueco), retêm-se, fundamentalmente, duas teses: a tese hebraica e a tese tubalina, que é, no fundo, uma apropriação daquela e que funciona como um mito etiológico, remontando à fundação e levando à identificação língua/povo. A tese hebraica, na qual se reconhecem aliás derivações, postula a incorruptibilidade do hebraico e a sua imutável qualidade de língua natural. O italiano Gelli, por exemplo, remetendo para a grande bíblia românica o discurso de Dante, afirma: «[Dante] in quel trattato *De Vulgari Eloquentia,* é dice che la lingua nella quale favellano oggi gli Ebrei é quella medesima che parl'o Adamo primieramente.» (*Raggionamento,* Milano, 1958, pp. 307-308.) É, pois, para os pensadores e doutrinadores linguísticos do século XVI importante identificar *onde* se falou tal língua, reduzida, em seu tempo, ao estatuto de língua litúrgica, ao lado do latim e do grego, uma das «três linguagens da Cruz», segundo expressão de João de Barros.

Ora, Duarte Nunes do Leão afirma a propósito das línguas «antigamente» faladas em Espanha: «O que se acha mais recebido dos escritores é que Túbal, neto de Noé, como foi o primeiro povoador de Espanha e a língua caldaica [entenda-se hebraico «falado» ou, segundo expressão de João de Barros, «corrompido»], foi a que em seu tempo se falava [...] traria consigo a língua.» (*Origem da Língua Portuguesa,* ed. cit., p. 205.) De facto, o mito de Noé, povoador da Espanha, remontando ao *Génesis,* é recolhido pelos gramáticos ibéricos como uma garantia prestigiosa de antiguidade e um vínculo directo com a História Sagrada. A história de Noé e dos seus descendentes, povoando a Península Ibérica após o Dilúvio, portadores da herança divina, encontrada já em espaço discursivo na *Crónica do Mouro Razis,* embora, curiosamente, se encontre ausente, quer da *Crónica de 1344,* quer do *Nobiliário do Conde D. Pedro,* das quais aquela é fonte, conforme foi demonstrado por Lindley Cintra.

Lê-se, na *Crónica do Mouro Razis* (cap. XLVIII):

Non fallamos que gente de ningund viniesen a morar a España ante que Dios enbiase el deluvio de las aguas. Mas fallamos que despues del deluvio finco Noe con su conpaña que Dios tovo por bien en su barca.

E acrescenta:

E dizen que Espan, el fijo de Yafer e nieto de Noe tomo conçejo con su muger e con sus fijos sy ficarian en su tierra [...]. E pues que lo fizieron rrey, dixoles:
— Como ha nonbre esta tierra que me fazedes rrey?
E ellos comunalmente deixeron:
— Tu nos aduxiste a esta tierra e tu eres el primero rrey della, as nonbre Espan, tenemos por bien que aya nonbre España.

Com efeito, a figura de Noé e dos seus descendentes, fazendo parte das genealogias dos *Nobiliários,* aparece em grande floração lendária na literatura apócrifa, hagádica e muçulmana. Não obstante Ne-

brija passe em claro esse tópico epónimo e etiológico, bem como os gramáticos castelhanos posteriores ao século XVI, a *Crónica de Razis* e os outros textos que lhe são afins ou derivados passaram provavelmente a fazer parte do aparelho lendário-cultural.

Contrariamente ao que se passa com João de Barros, que também se lhe não refere, a figura de Noé aparece, por várias vezes, no discurso histórico-cultural de Fernão de Oliveira, ao longo da sua *Gramática:* «A antiga nobreza e saber da nossa gente e terra de Espanha, cuja sempre melhor parte foi Portugal, ainda que agora não é maior, depois do dilúvio geral, que é o mais antigo tempo de que os homens se lembram. Nasceu de Noé e de Túbal, diz Beroso, historiador da Babilónia, e Noé edificou em esta terra Noela e Noegla, cidades [...] pois não menos de Túbal, seu neto, afirma Pompónio Mela que fundou Gibraltar.» (*Gramática,* ed. cit., p. 40.) Além de Bernardo de Brito (*Monarquia Lusitana*, I, 1), Gaspar Barreiros (*Chorographia*, Coimbra, 1561, fl. 63) e vários outros, é, de entre os linguistas, Duarte Nunes do Leão que mais largamente se lhe refere, identificando Túbal e Espan, neto de Noé. Nunes do Leão, porém, recusa aceitar a famosa mas incertíssima (além de tardia) etimologia de Setúbal (cap. II):

O que os mais afirmam é que Túbal foi o primeiro que, depois da confusão das línguas, veio a Espanha [...].

E acrescenta:

Outros espanhóis, não contentes de vir Túbal a este reino de Portugal, o fazem dar consigo nas montanhas de Biscaia [...]. Desta vinda de Túbal a Espanha vêm a coligir que a primeira língua que nela se falou foi a caldaica e que dela procedeu o vasconço que em Biscaia se falava, e que aí se conservou como em lugar menos frequentado e [...] se falou até à vinda dos Romanos.

Nunes do Leão usa, porém, de um discurso cauteloso. *Dizem, afirmam,* são expressões que denotam um não comprometimento com a identificação da língua basca com a língua dos descendentes de Noé

e dos filhos de Adão, o caldaico. Essa identificação — a tese basca — aparece como uma tentativa de explicação da sua insularidade em relação às outras línguas, resultantes de uma romanização homogeneizante: vestígio fossilizado da língua pré-babélica. Teria Nunes do Leão presente o discurso redutor de João de Barros em relação ao *vasconço* que, longe de ser apresentado como uma língua venerável é, pelo contrário, tida como ininteligível, e, o que é mais, ferida de bloqueio definitivo no acesso ao estatuto cultural de língua escrita? (Cf. *Diálogo*, ed. cit., p. 166, e *Gramática*, p. 49.)

Seja como for, o que é certo é que todos estes homens estão envolvidos na pesquisa afanosa de um prestígio e de uma autoridade que, a seus olhos, só a Antiguidade dava. Reterei o discurso vivo e quase contundente de Fernão de Oliveira: «Perguntarei: então, que nos fica a nós? Ou se temos de nosso alguma coisa? E os nossos homens, pois são mais antigos que os Latinos, por que também não ensinariam? Por que seriam em tudo ensinados?» (*Gramática*, ed. cit., p. 84.) Ao seu orgulho euforizante de Humanistas nada faltava em relação aos modelos instaurados por esse orgulho — os povos Antigos — senão essa mesma Antiguidade: por isso, buscam-na, encontram-na, ou, então, constroem-na e fazem dela o seu mito.

Setembro, 1983.

SANTELMO — Cooperativa de Artes Gráficas, S.C.A.R. — Lisboa